Katina Koch

Die Liebe, die sie schenken
Pferd und Mensch in Fotografie

spiritbooks

Verlag: spiritbooks, www.spiritbooks.de
Text und Fotografie: Katina Koch, www.katinakoch.de
Herausgeber: Ulrike Dietmann
Umschlaggestaltung: Katina Koch
Foto Cover: Katina Koch
Autorenportrait: Katina Koch
Foto des Autors: Jana Baumann
Druck und Verlagsdienstleister: www.tredition.de
Printed in Germany
ISBN: 978-3-944587-16-5

„Wenn jemand sucht, dann geschieht es leicht, dass sein Auge nur noch das Ding sieht, das er sucht, dass er nichts zu finden, nichts in sich einzulassen vermag, weil er nur an das Gesuchte denkt, weil er ein Ziel hat, weil er vom Ziel besessen ist. Finden aber heißt:
Frei sein, offenstehen, kein Ziel haben."

Hermann Hesse

Vorwort

„Einem Menschen, der viel Liebe gibt, wenden sich auch die Tiere zu; selbst die Blumen scheinen ihm zu folgen, wenn er an ihnen vorübergeht, sie scheinen seine Liebe zu erkennen und zu erwidern. Liebe kann sich ausdehnen, sie kann das ganze Universum erfassen. Sie kann heilen." (Bear Heart, Der Wind ist meine Mutter)

Was ist es, was uns Menschen so sehr zu Pferden hingezogen sein lässt?
Ist es ihre Schönheit? Ihre Anmut? Ihre Kraft? Fühlen wir uns durch sie schöner, anmutiger und kraftvoller?
Werden wir durch sie zu einem „besseren Menschen"?

Wir verstehen Pferde als unsere Freunde, Begleiter, Partner, Beschützer, Lehrer und manchmal auch als unseren Spiegel. Und wenn wir bereit sind, in diesen Spiegel zu sehen, können wir darin etwas uns sehr Vetrautes erkennen: unsere Ängste und zugleich unsere Suche nach bedingungsloser Liebe.

Pferde verkörpern unsere Ängste in ihren unendlichen Facetten. Wir versuchen diese Ängste ein Leben lang zu kontrollieren - so wie unsere Pferde. Doch jede Angst, auch in Form eines Pferdes, kommt mit einer Botschaft in unser Leben, die darauf wartet gesehen und „befreit" zu werden. Unser Aller innerstes IST bedingungslose Liebe und jede Begegnung mit einem Pferd gibt uns die Chance, dies zu erfahren - über die Pferde in uns selbst.

In der Begleitung eines Pferdes können wir erkennen, dass es in der Beziehung zu ihnen nur darum gehen kann zu lernen, all das, was wir uns von ihm wünschen, für uns selbst zu sein.

Als Josh in mein Leben trat, war mir noch nicht bewusst, dass dieses Pferd dasjenige sein würde, welches mir den Weg aus der Angst heraus zur Liebe hin zeigen würde. Er war durchdrungen von Angst - ständig zur Flucht bereit. Doch im Laufe der Jahre wurde mir klar, dass ich diejenige war die floh. Mit wachsender Bereitschaft, Josh und damit mich selbst genauer zu betrachten, wurden mir die tiefliegenden Gründe meiner Flucht bewusst.

In der Begegnung mit meinen Pferden - vor allem mit Josh - lernte ich, mich allmählich zu öffnen, in mich hinein zu fühlen, meinen Ängsten zu begegnen und mich schließlich völlig hinzugeben.

Dieses Buch erzählt von Momenten in der Begegnung zwischen Pferden und Menschen, in denen die Erfahrung bedingungsloser Liebe sicht- und spürbar wurde. Stille Momente, scheinbar alltägliche, in der die Beziehung zwischen Pferd und Mensch von völliger Selbstvergessenheit, Authentizität und unendlicher Tiefe getragen ist.

Es sei allen gewidmet, die - auf ihrem ganz individuellen Weg - auf der Suche sind, denn „Am Ende Ihres Lebens wird das einzige, was je Bedeutung hatte, die Liebe sein, die Sie schenkten und geschenkt bekamen.“ (Adam Jackson)

Von ganzem Herzen,
Katina Koch

Schutz

„Ich wünsche dir,
dass du arbeitest,
als bräuchtest du kein Geld,
dass du liebst,
als hätte dich noch nie jemand verletzt,
dass du tanzt,
als würde keiner hinschauen,
dass du singst,
als würde keiner zuhören,
dass du lebst,
als wäre das Paradies auf Erden."

Irischer Segenswunsch

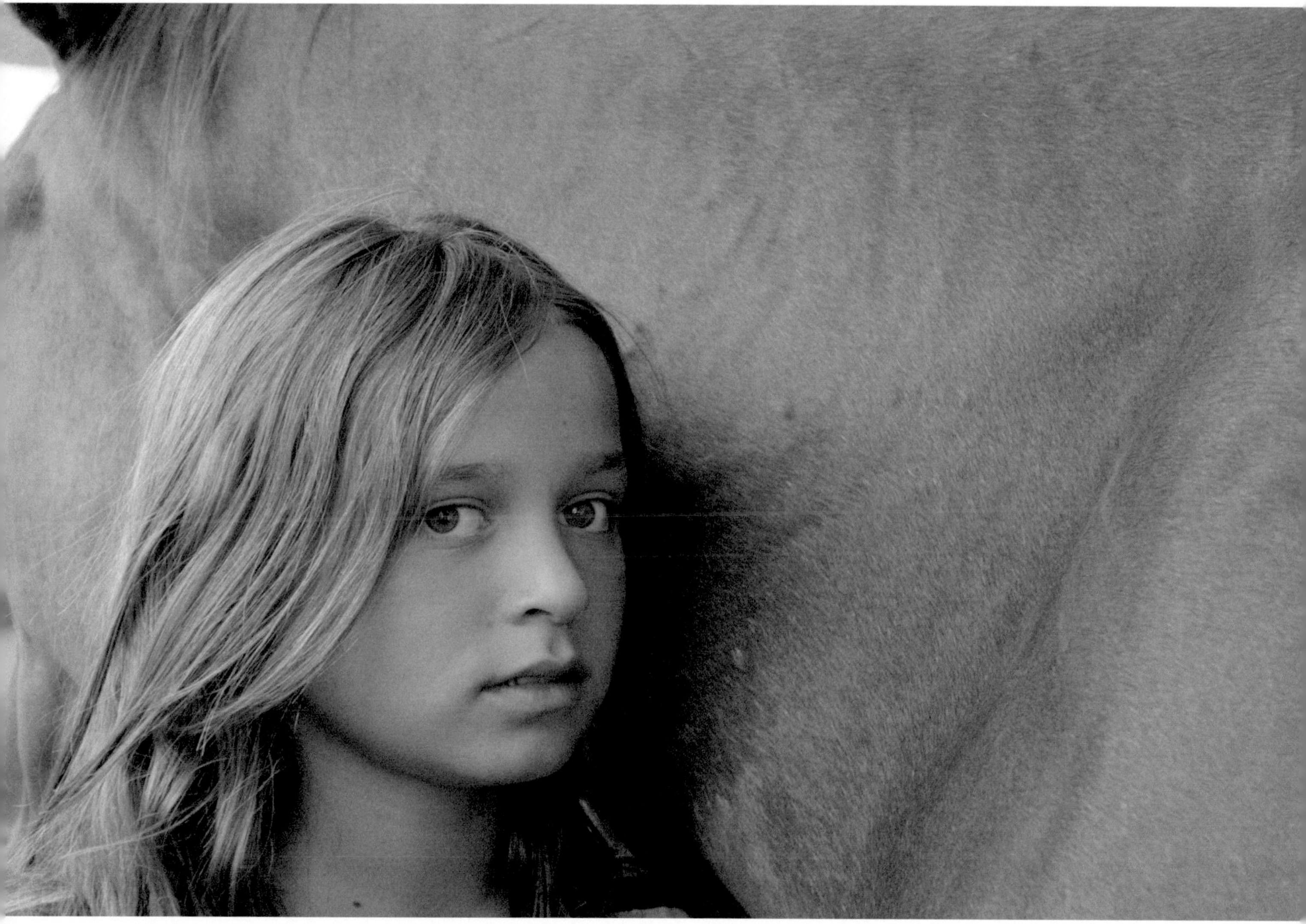

Unsere innere Kraft wächst durch das Getragen-Sein
und in den Momenten,
in denen wir uns nach Anlehnung sehnen
und diese durch ein Pferd erfahren.

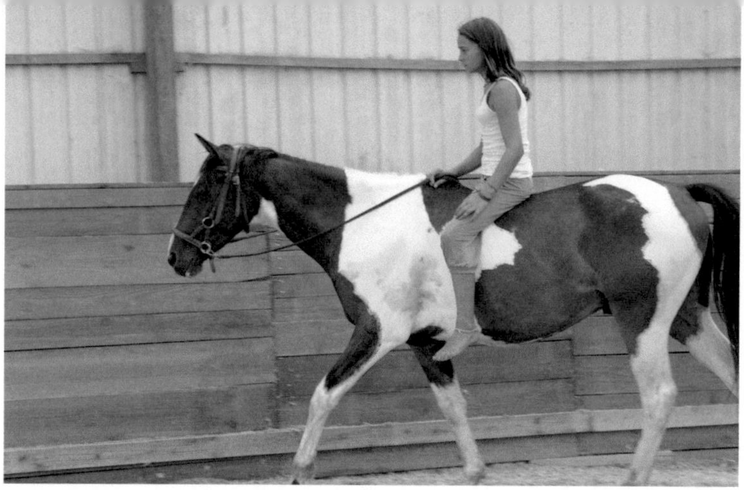
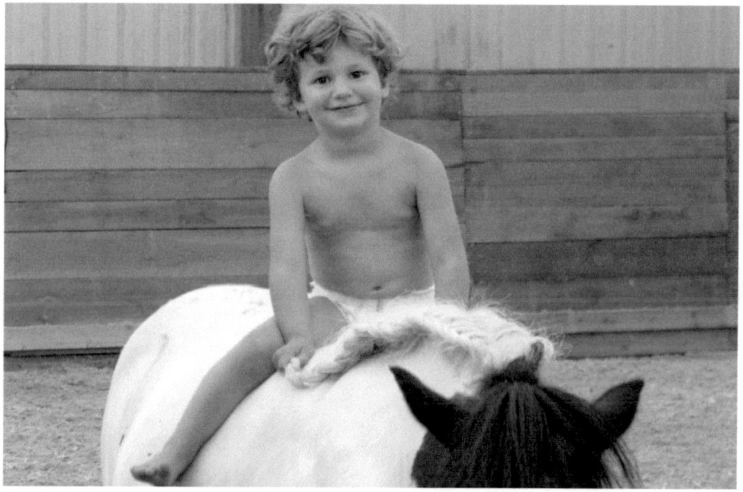
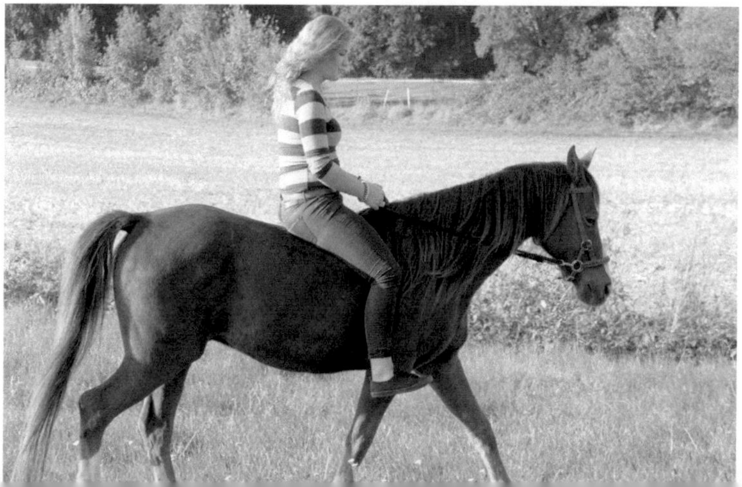

In der Begegnung mit Pferden
machen wir die Erfahrung, wie es sich anfühlt,
wenn uns der Rücken gestärkt wird...

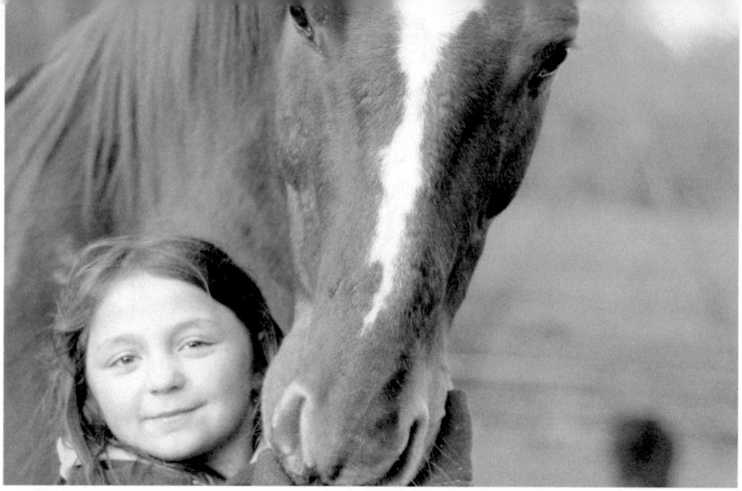
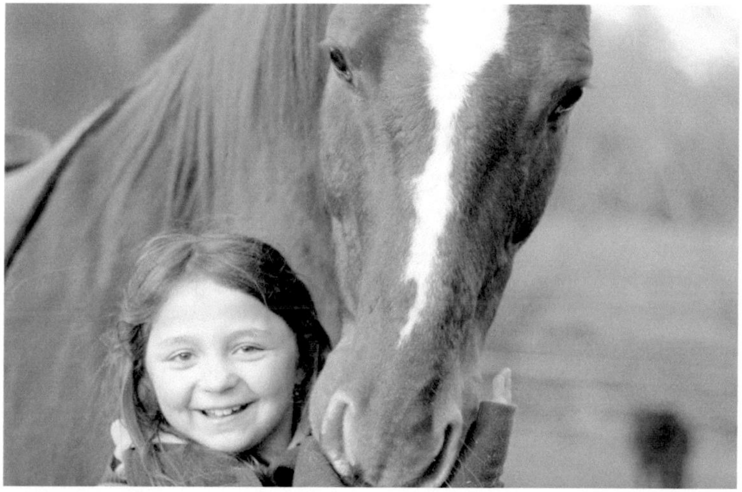
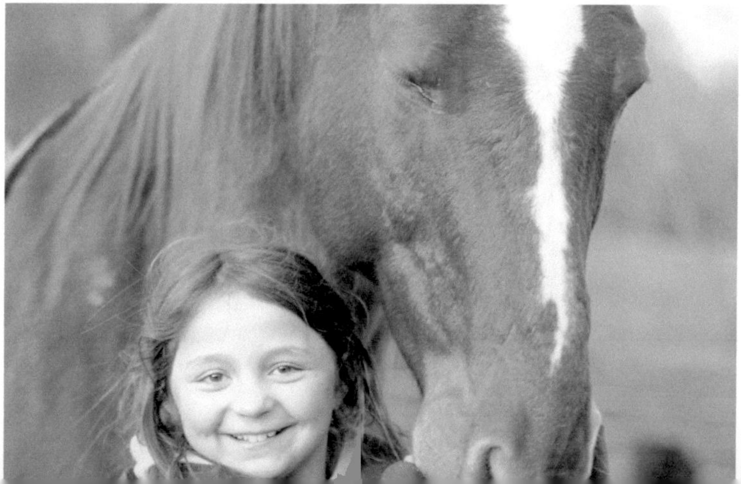

wir geborgen...

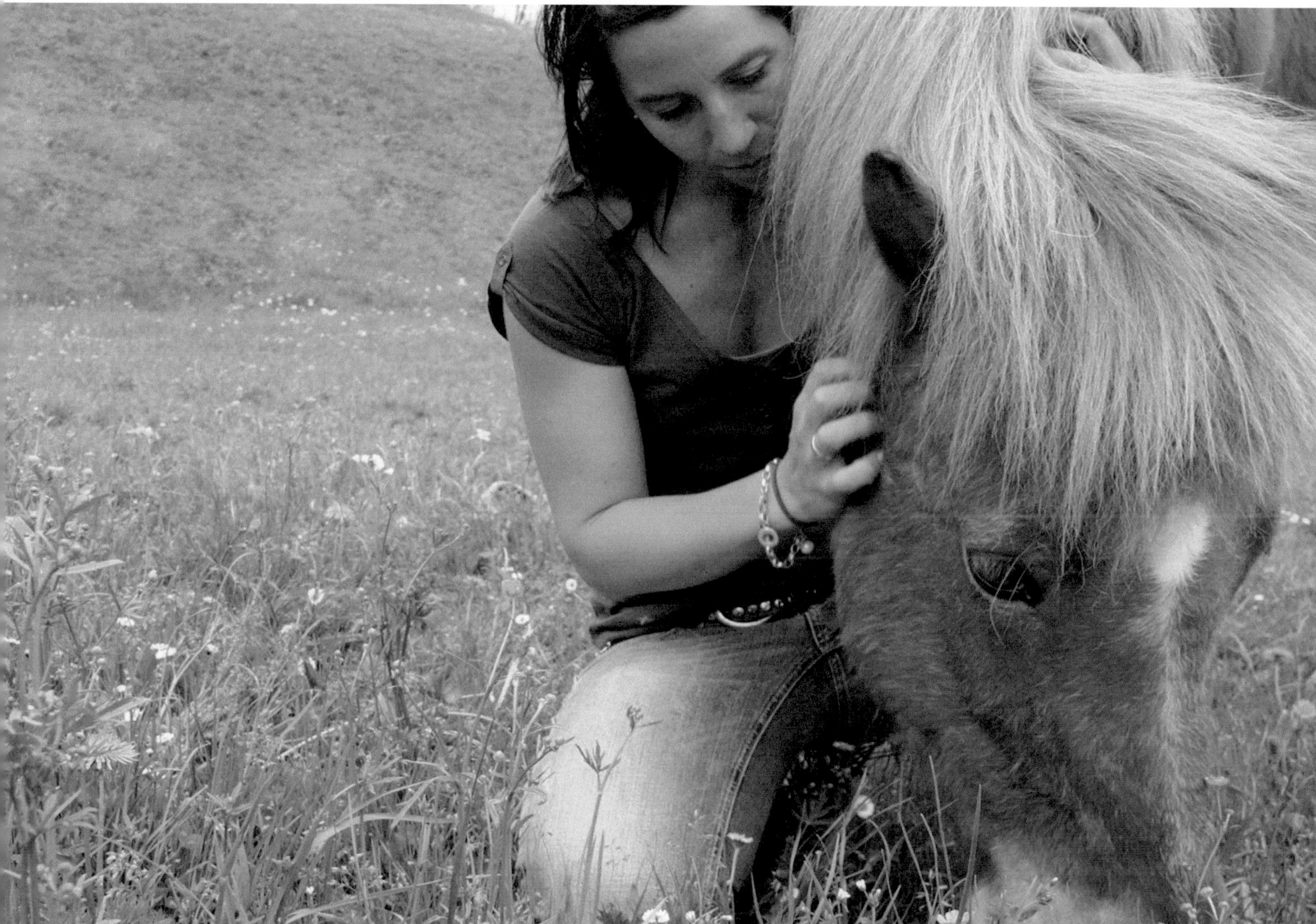

eingebunden...

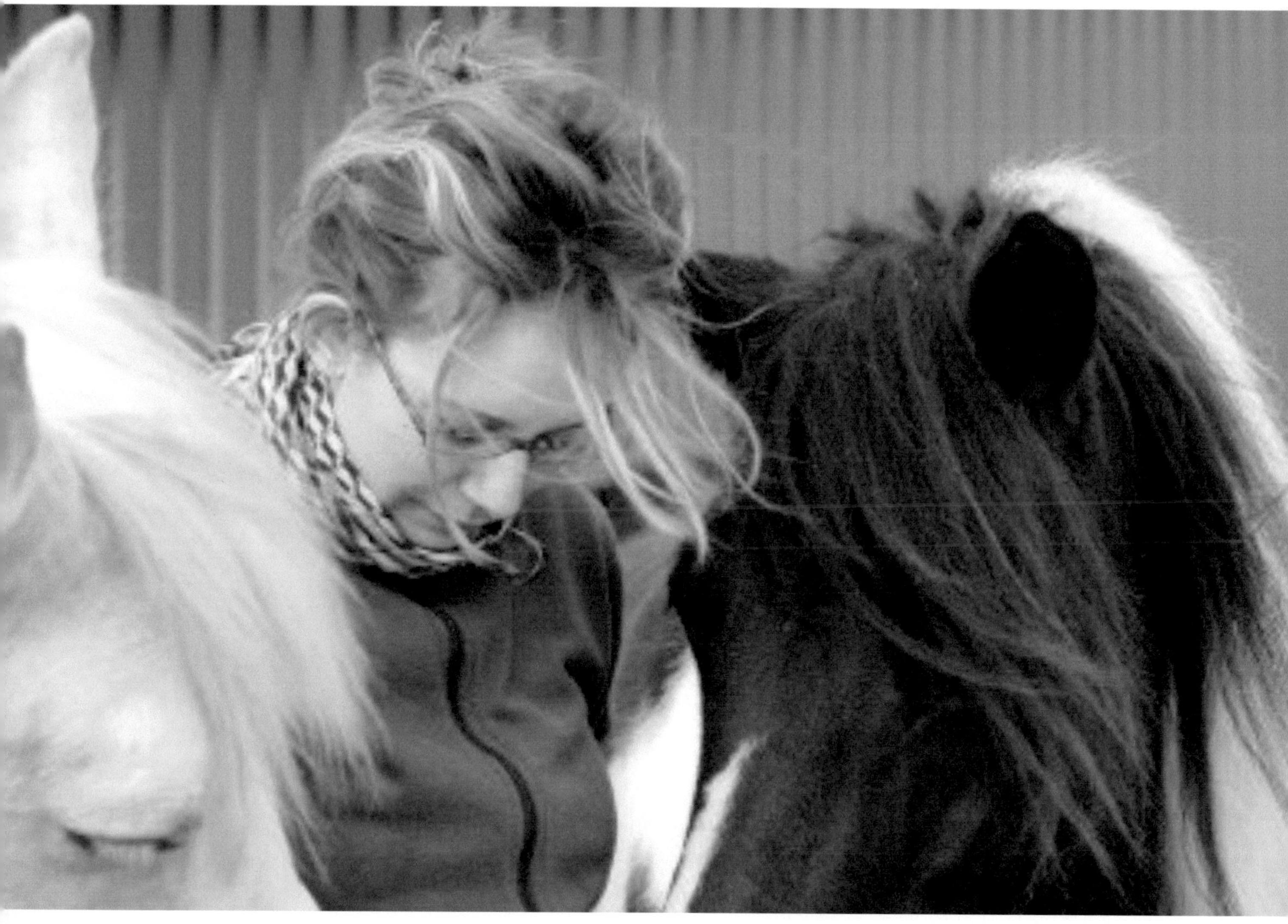

verstanden...

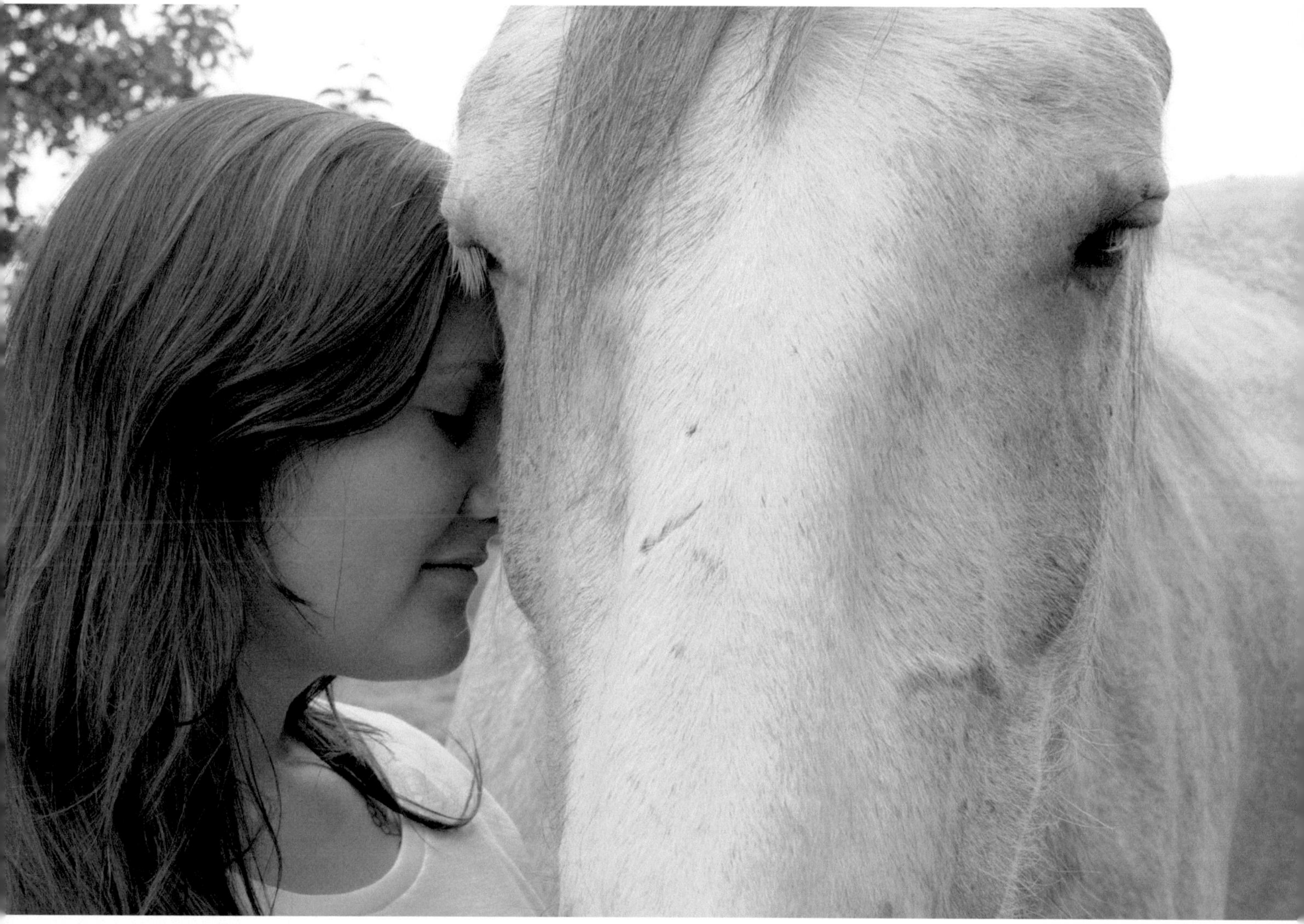

und miteinander vertraut sind.

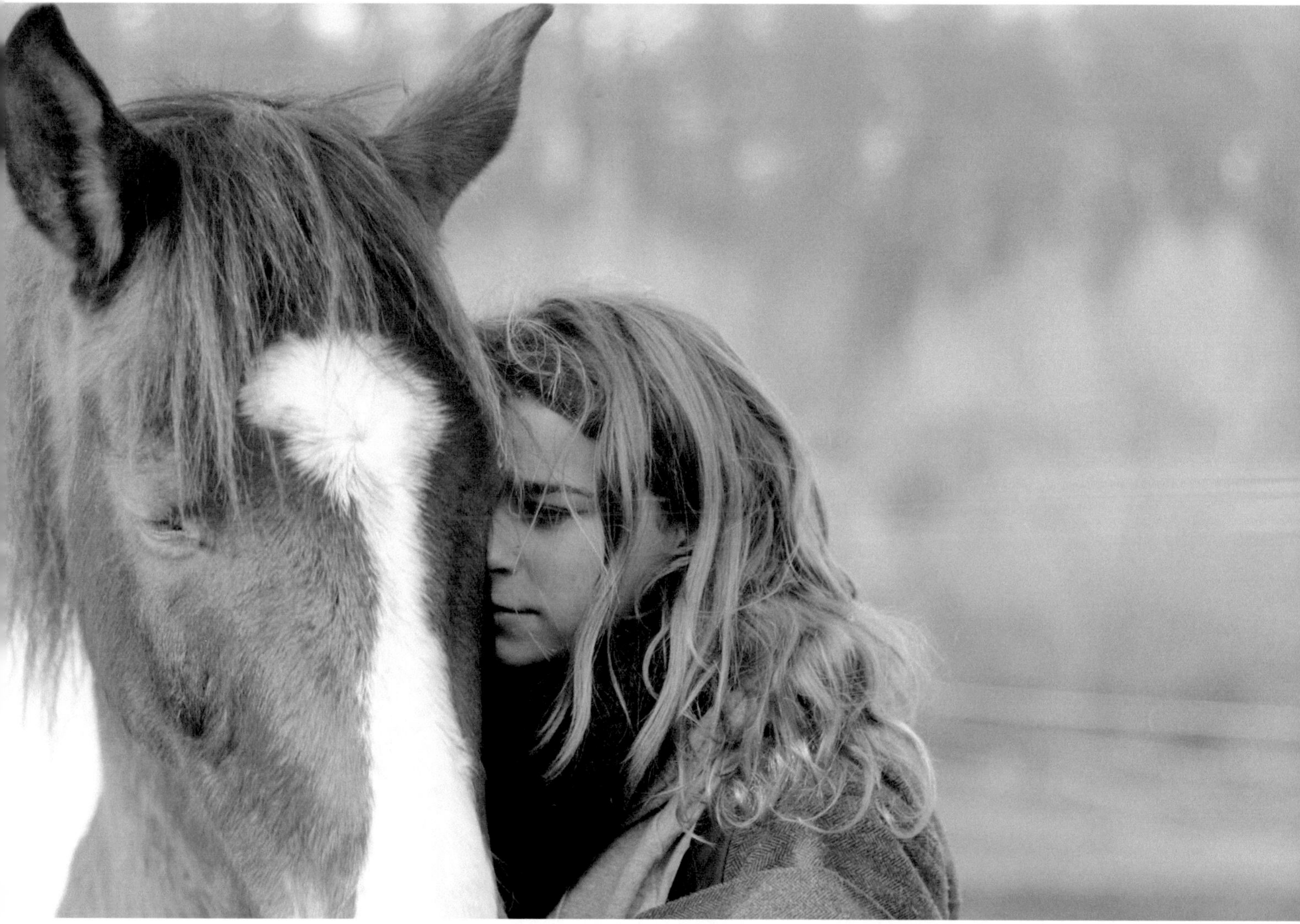

Aus der Anlehnung an ein Pferd
und der Geborgenheit, die es uns vermittelt...

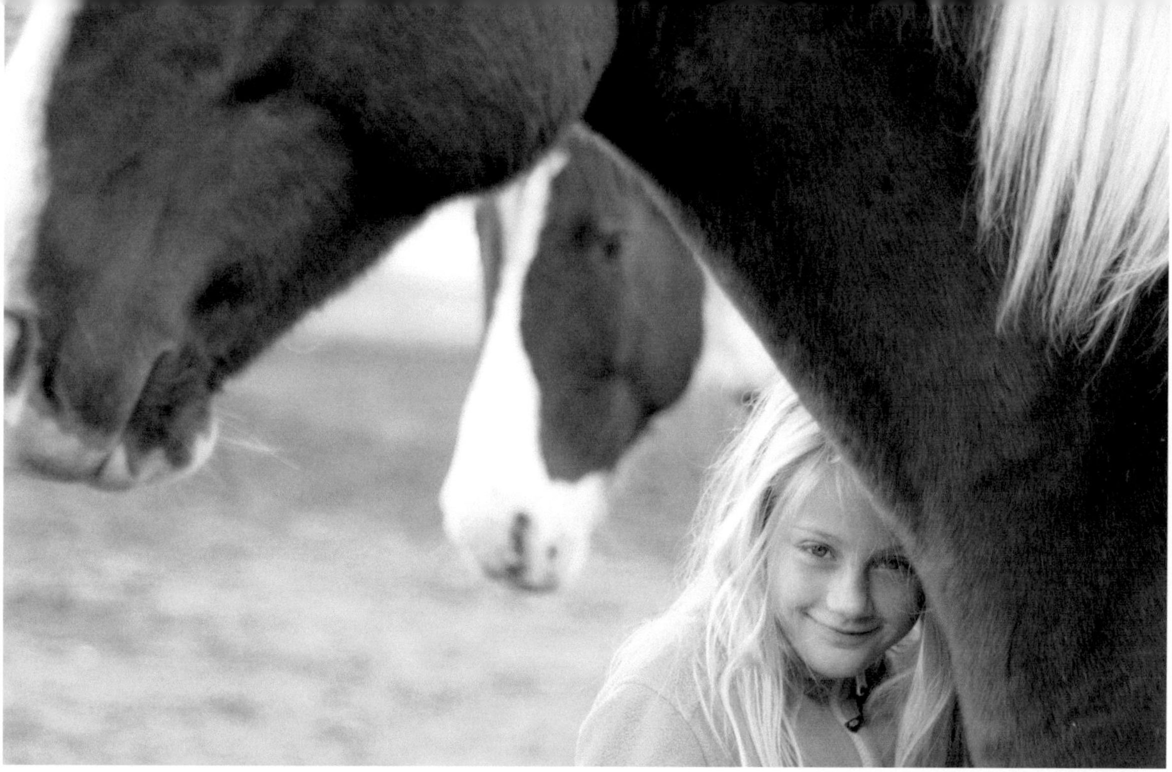

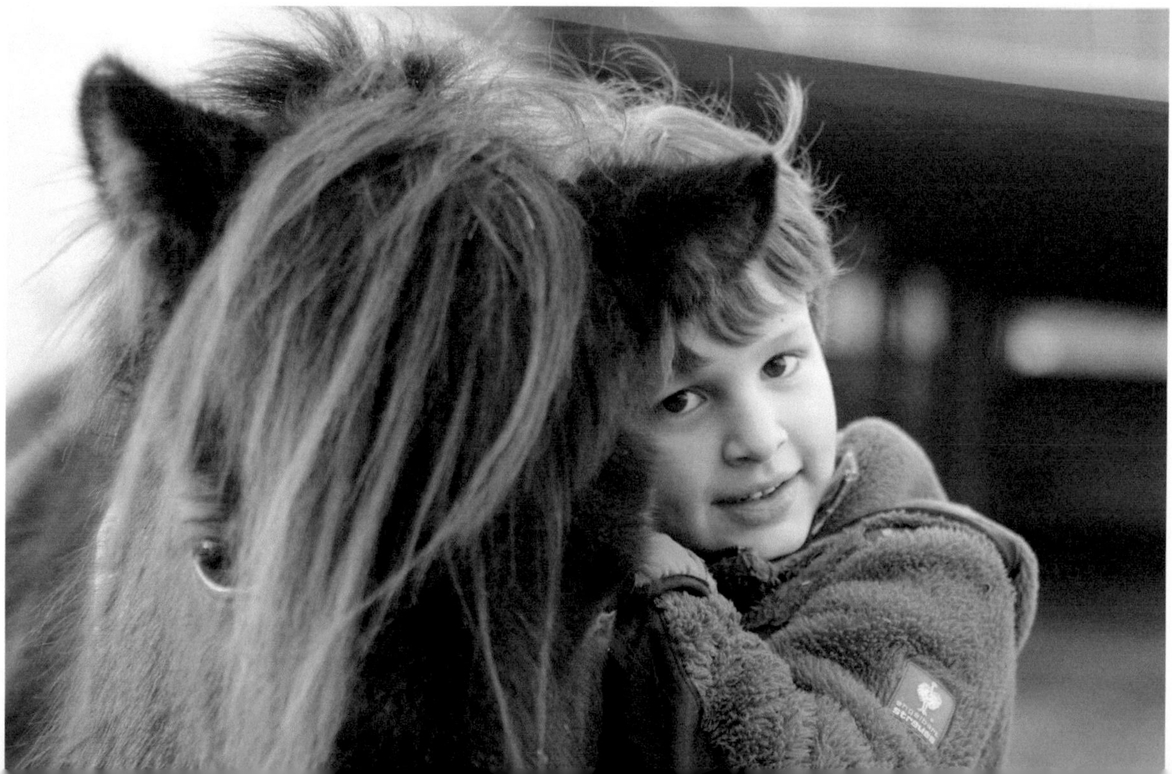

schöpfen wir Kraft, um einander zu stützen...

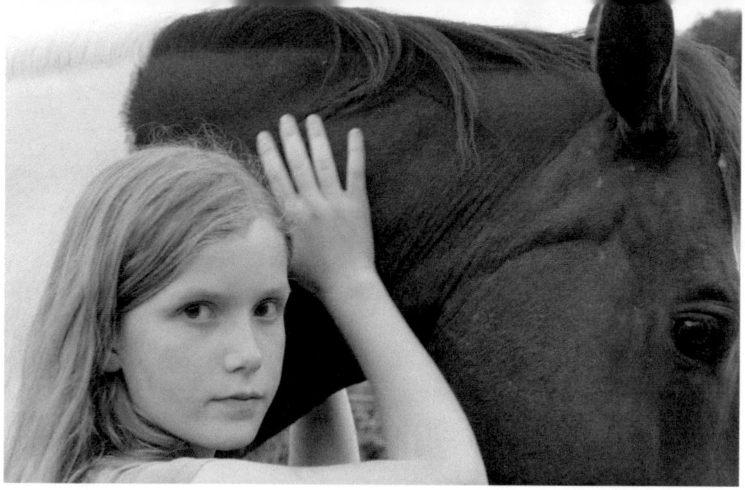

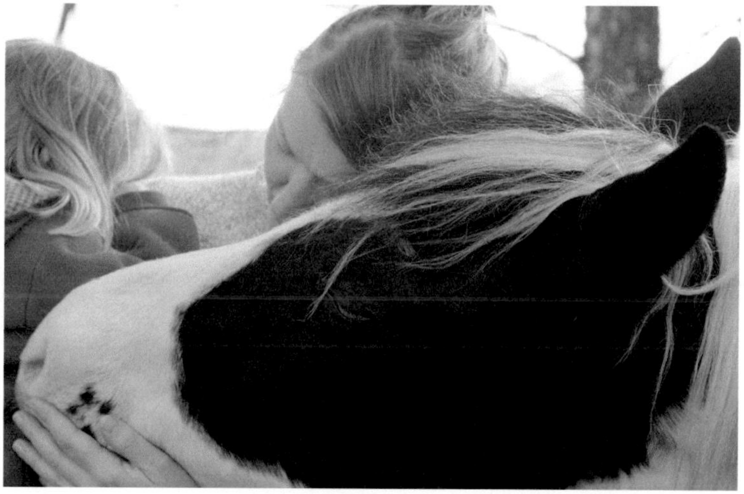

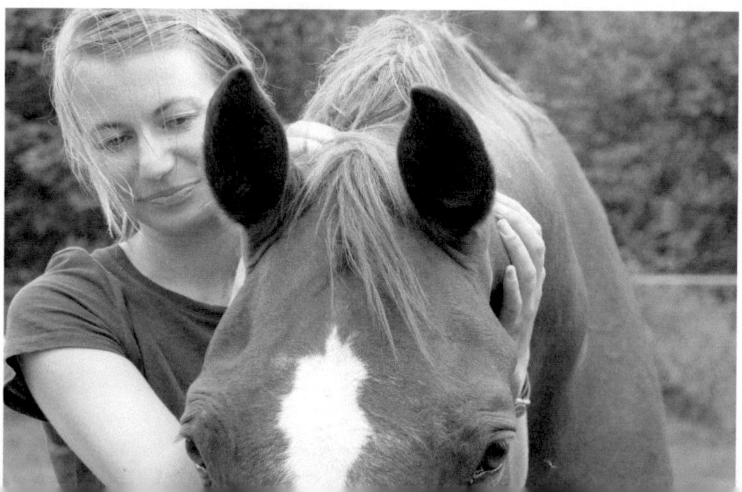

und schaffen einen Raum in uns, in dem auch unser Gegenüber sich fallenlassen und anvertrauen kann.

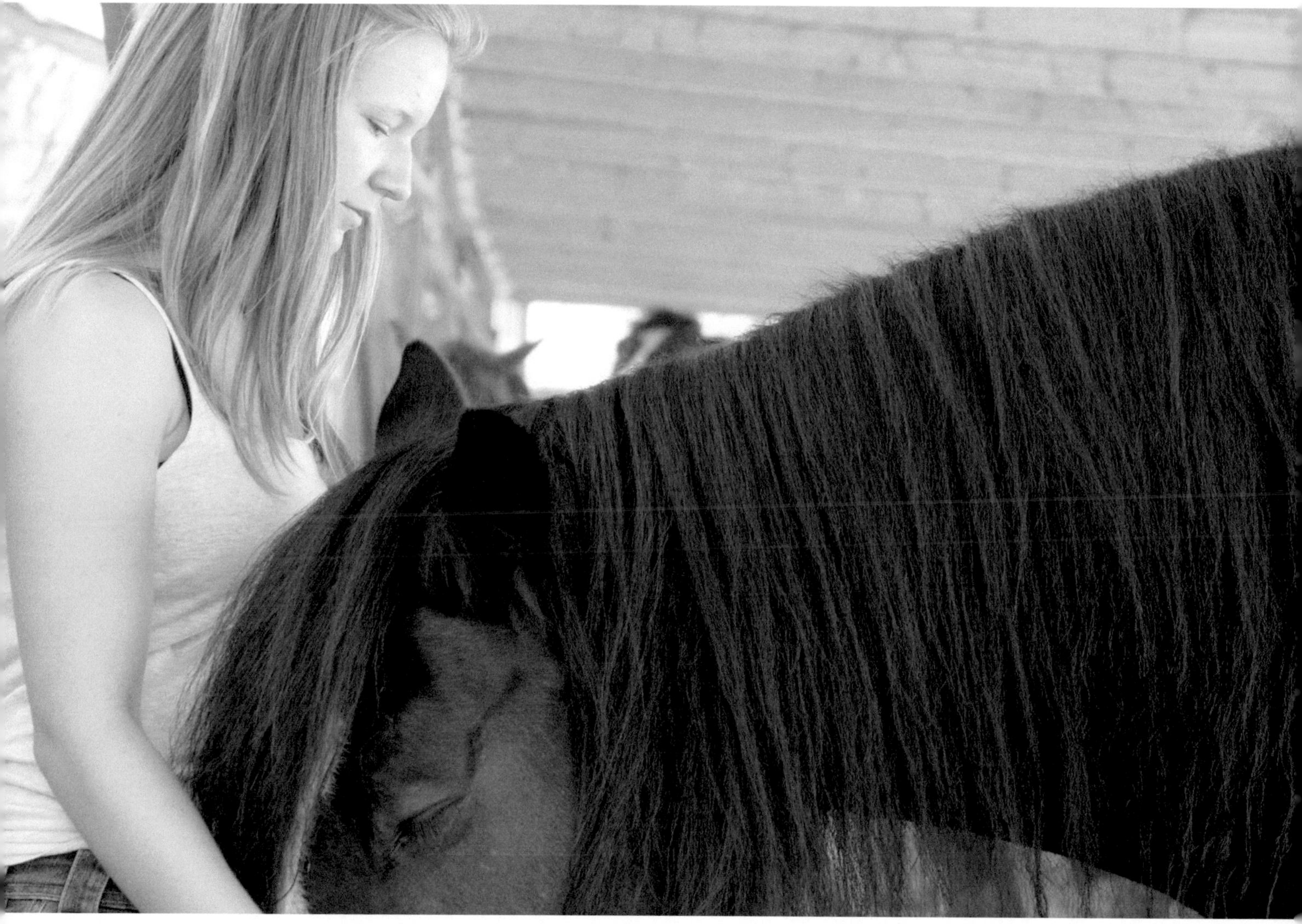

Neugier

„Die Neugier ist die mächtigste Antriebskraft im Universum, weil sie die beiden größten Bremskräfte im Universum überwinden kann: die Vernunft und die Angst."

Walter Moers

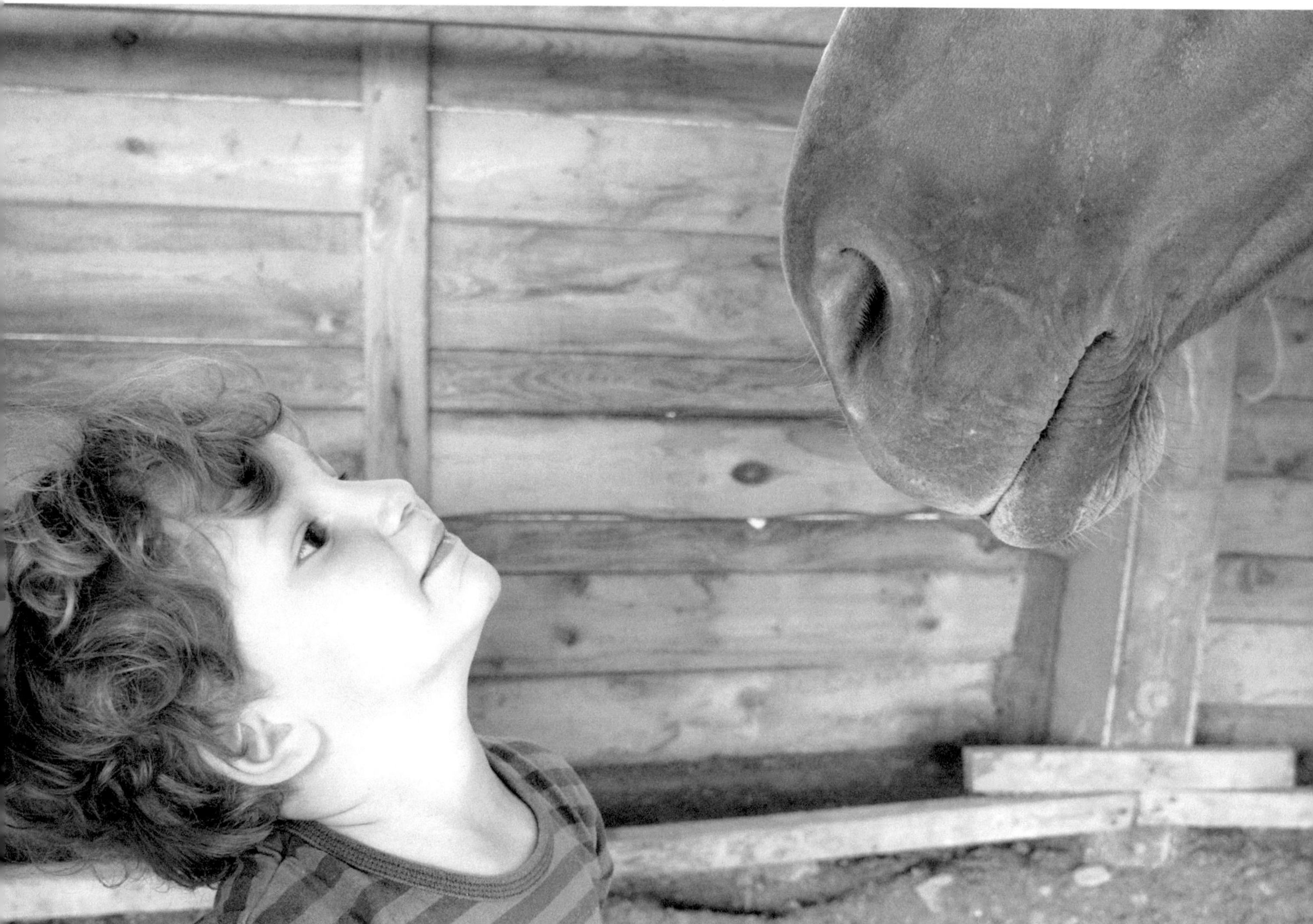

In der Begegnung mit einem Pferd können wir lernen,
uns behutsam Großem und Unbekanntem
zu nähern...

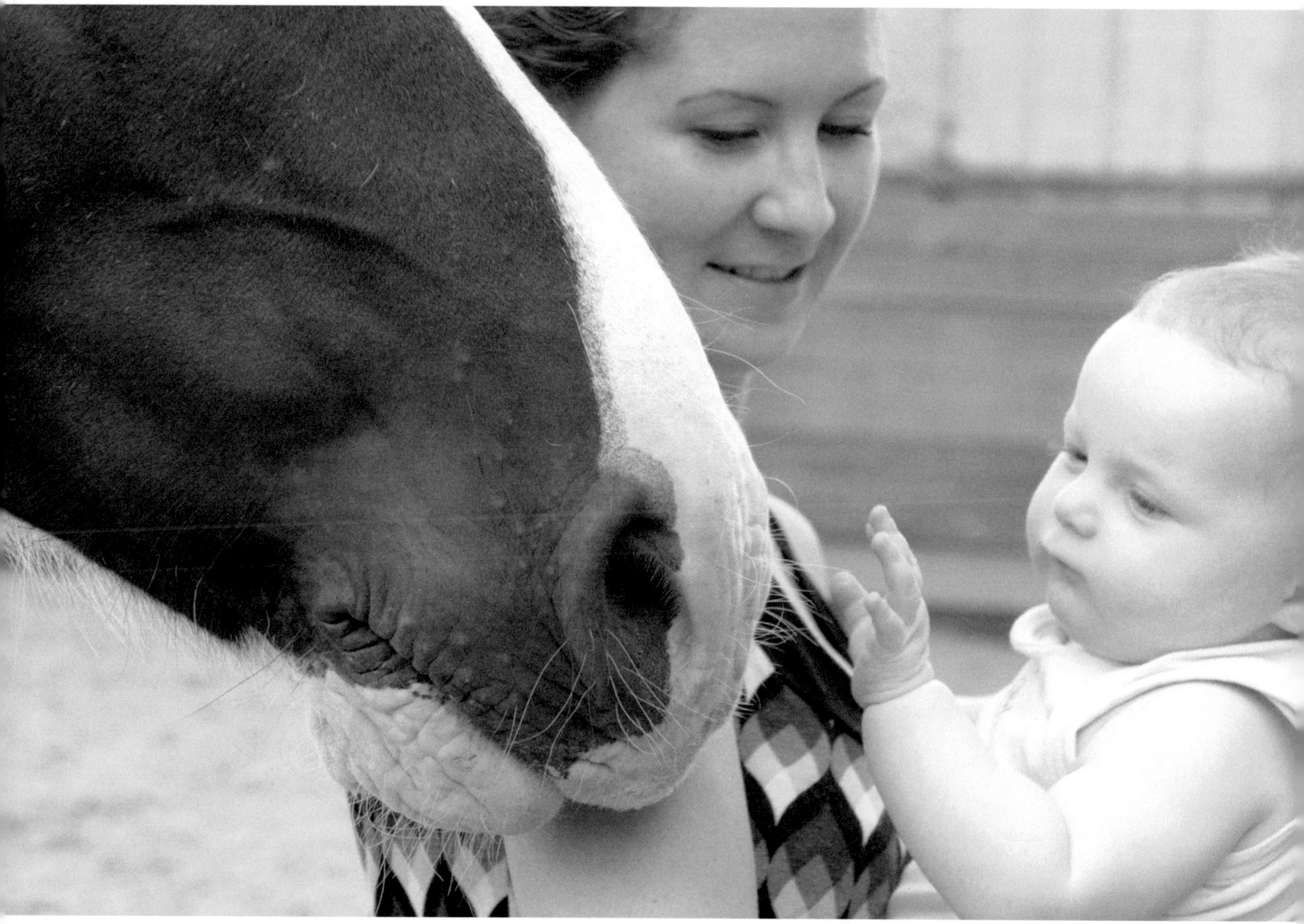

und entwickeln die Bereitschaft und den Mut,
uns diesem Großem und gleichsam
Sanften anzuvertrauen.

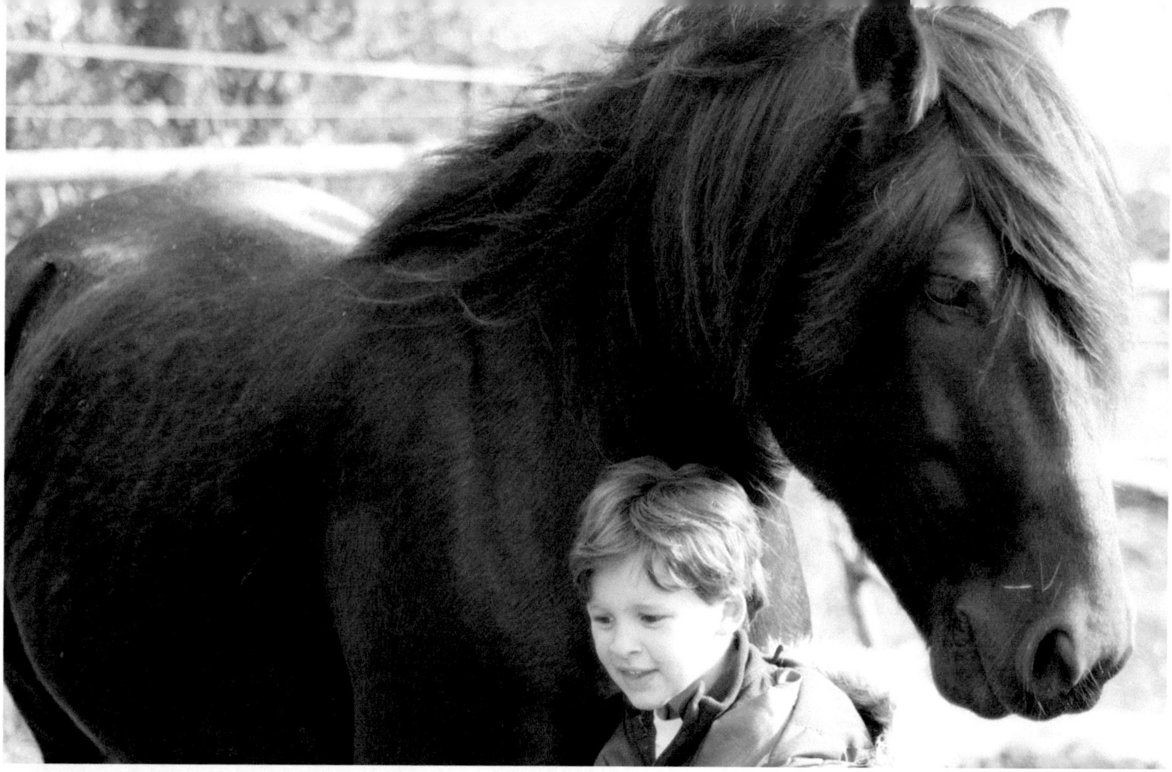

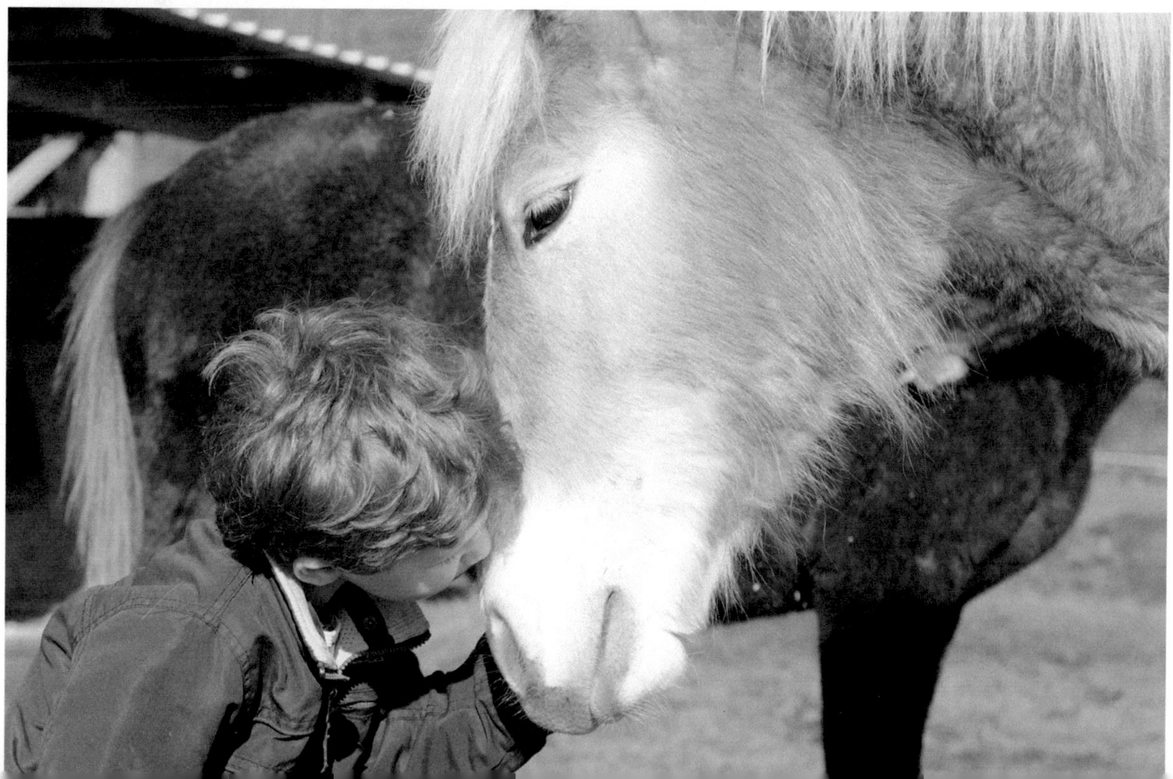

Unsere Neugier lässt uns im Zusammensein mit Pferden...

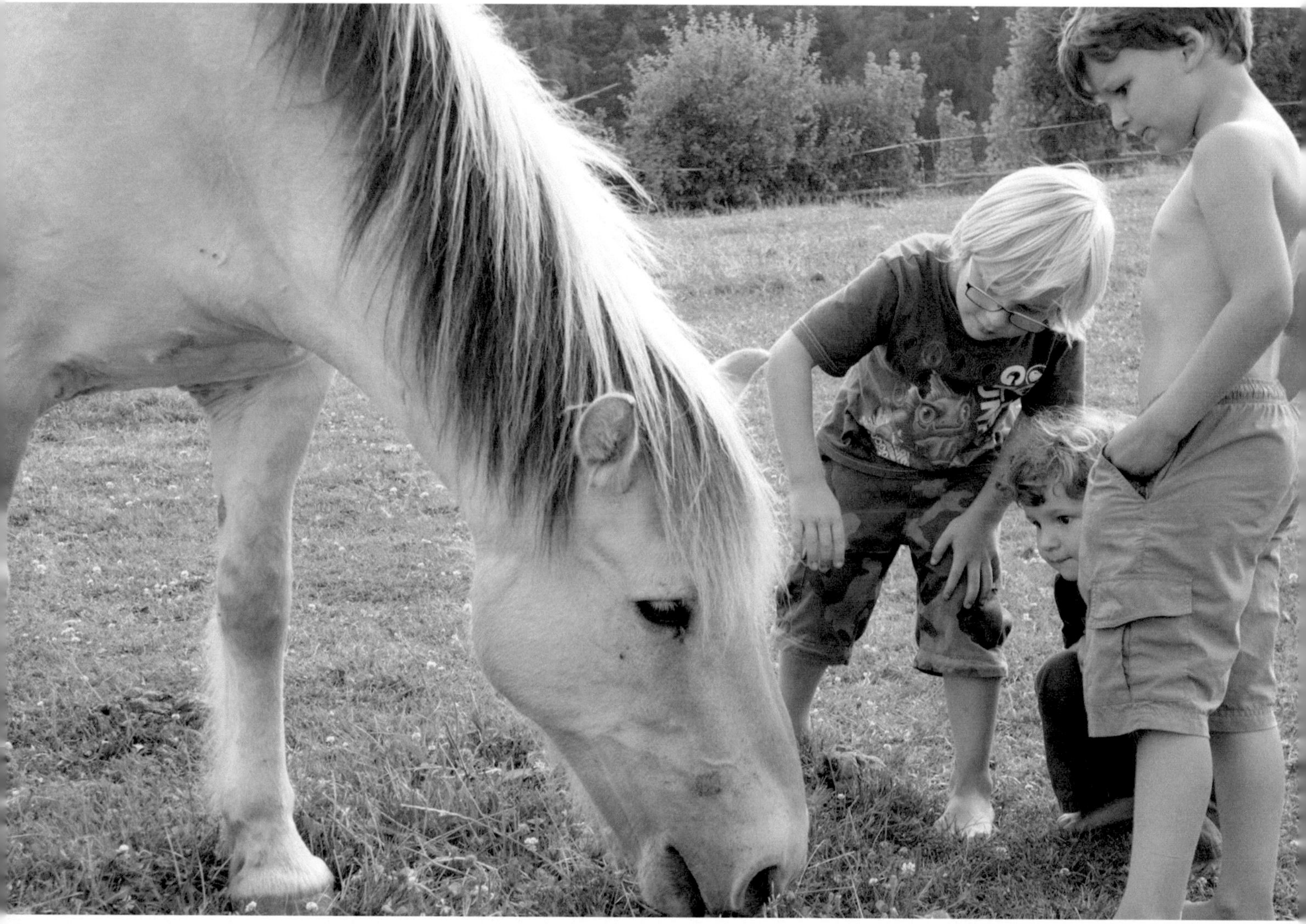

offen werden für Situationen, die unser Leben bereichern...

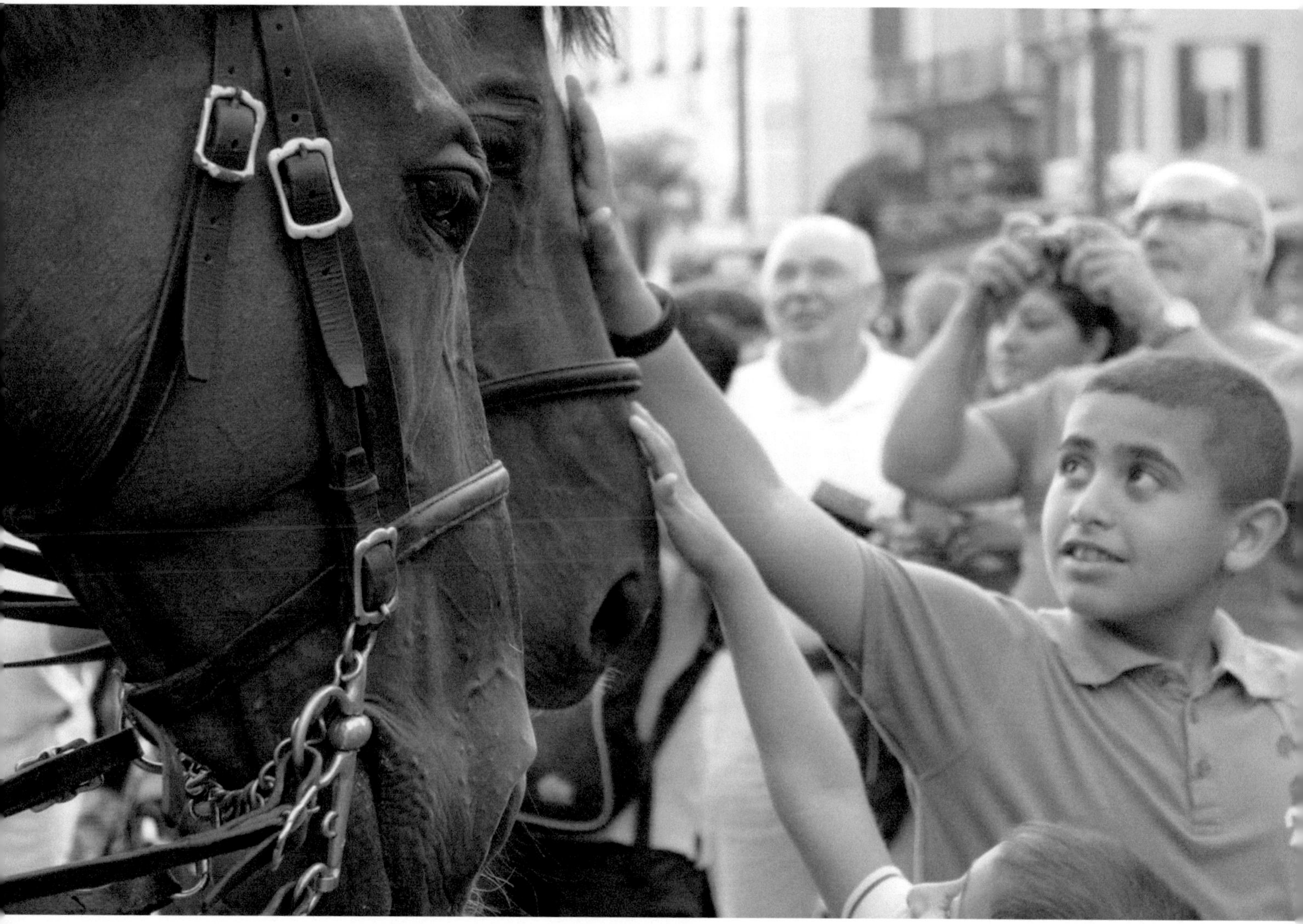

und gibt uns immer wieder die Chance, uns unseren Ängsten zu stellen und sie zu überwinden.

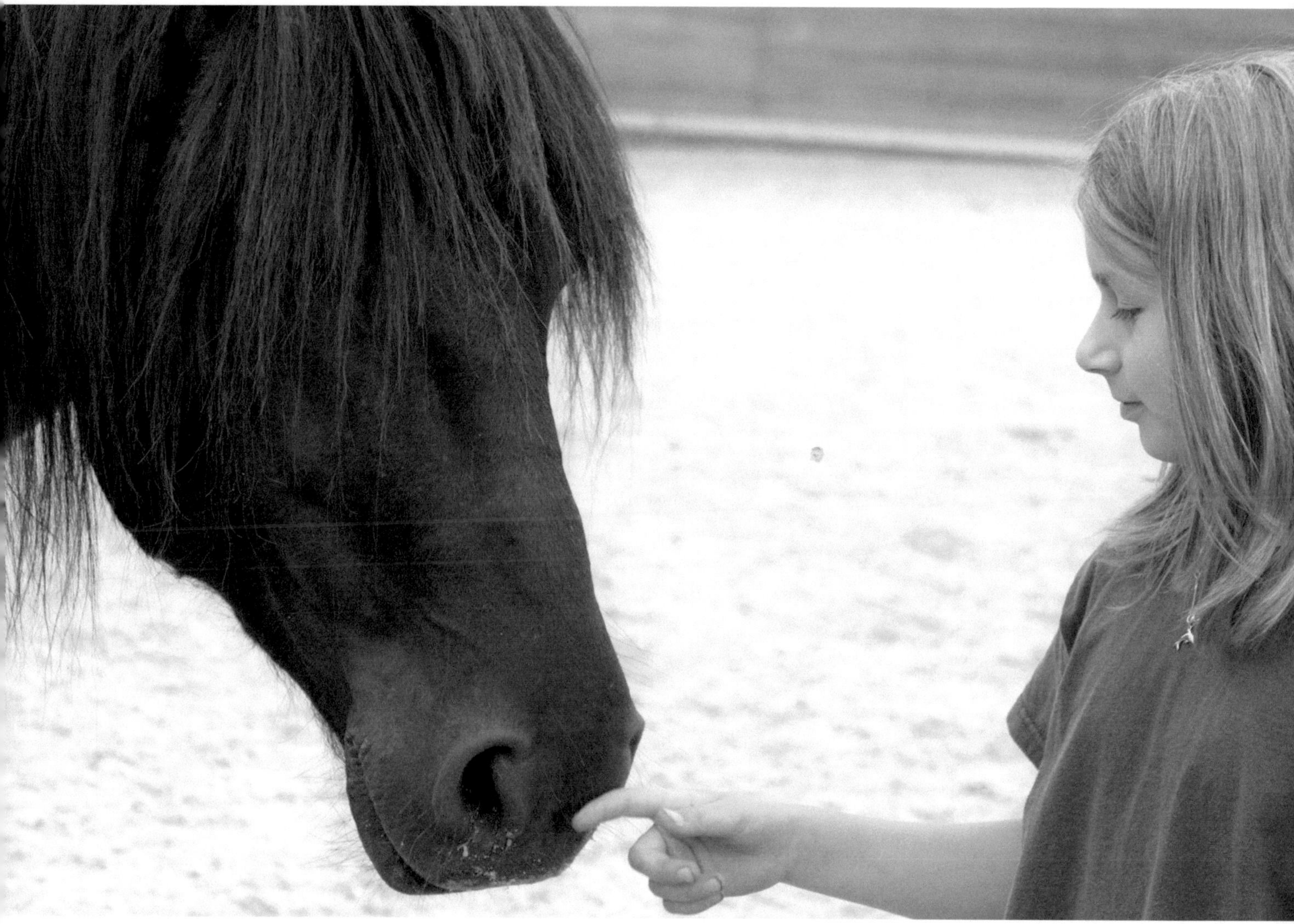

Ein neugieriges und an uns interessiertes Pferd,
gibt uns das Gefühl wahrgenommen zu werden...

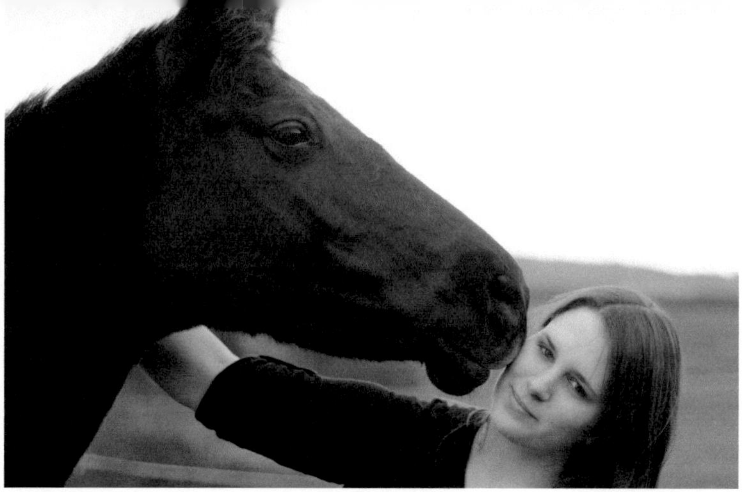

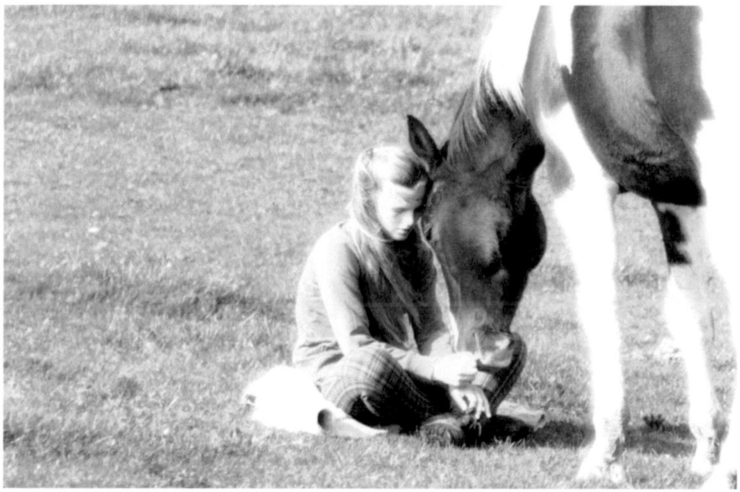

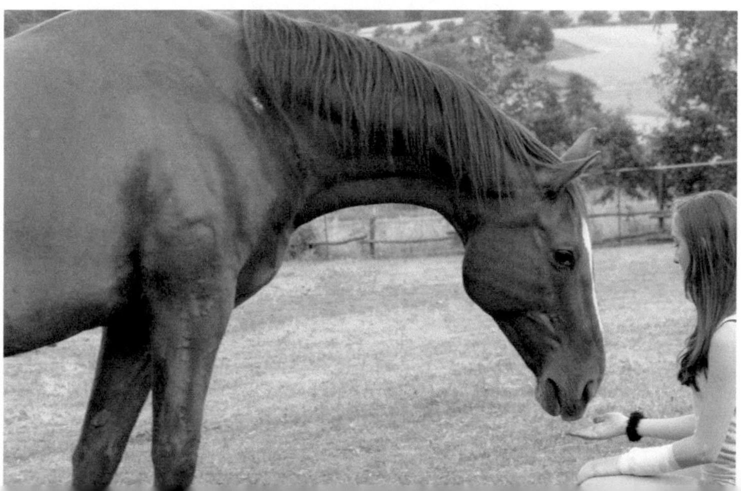

und daraus erwächst in uns der Wunsch,
auch in anderen Menschen die Neugier auf das Leben
zu entwickeln und zu bewahren.

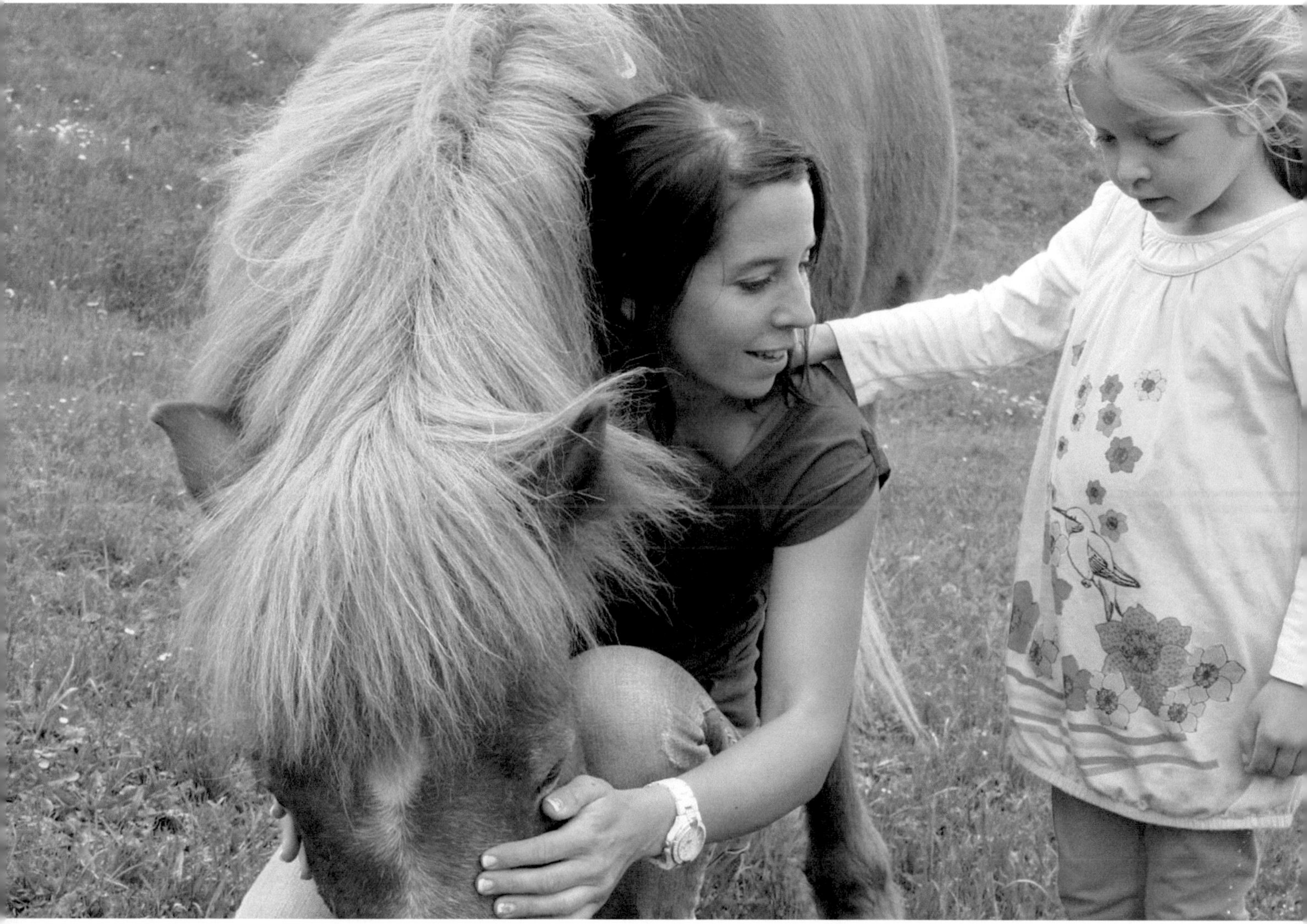

Vertrauen

„Mich ganz fordernd
im Vertrauen
lehrst du mich
lieben
leben
Glück“

Hans-Christoph Neuert

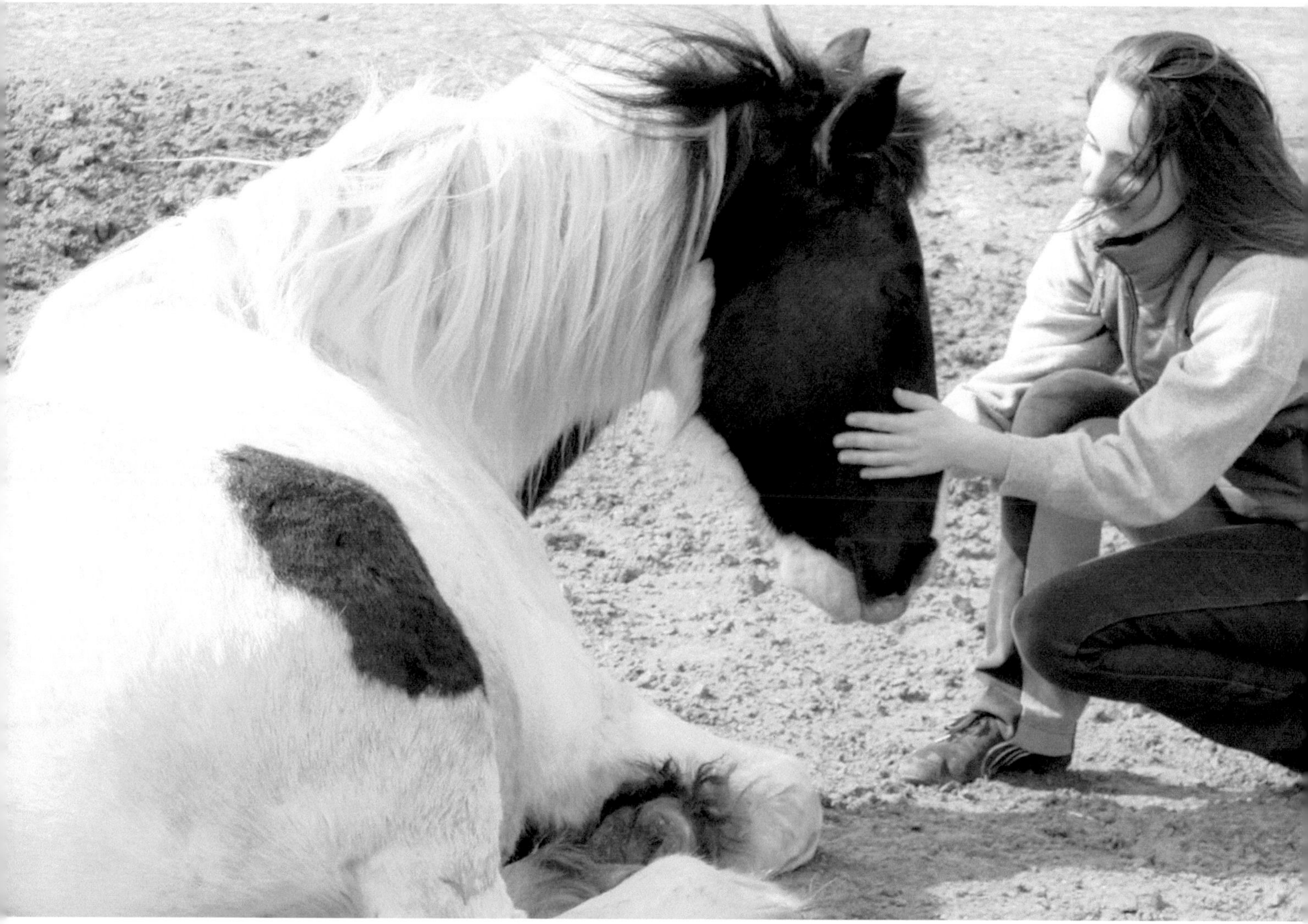

In der Begegnung mit einem Pferd machen wir die Erfahrung, dass wir Sicherheit und Ruhe ausstrahlen können.

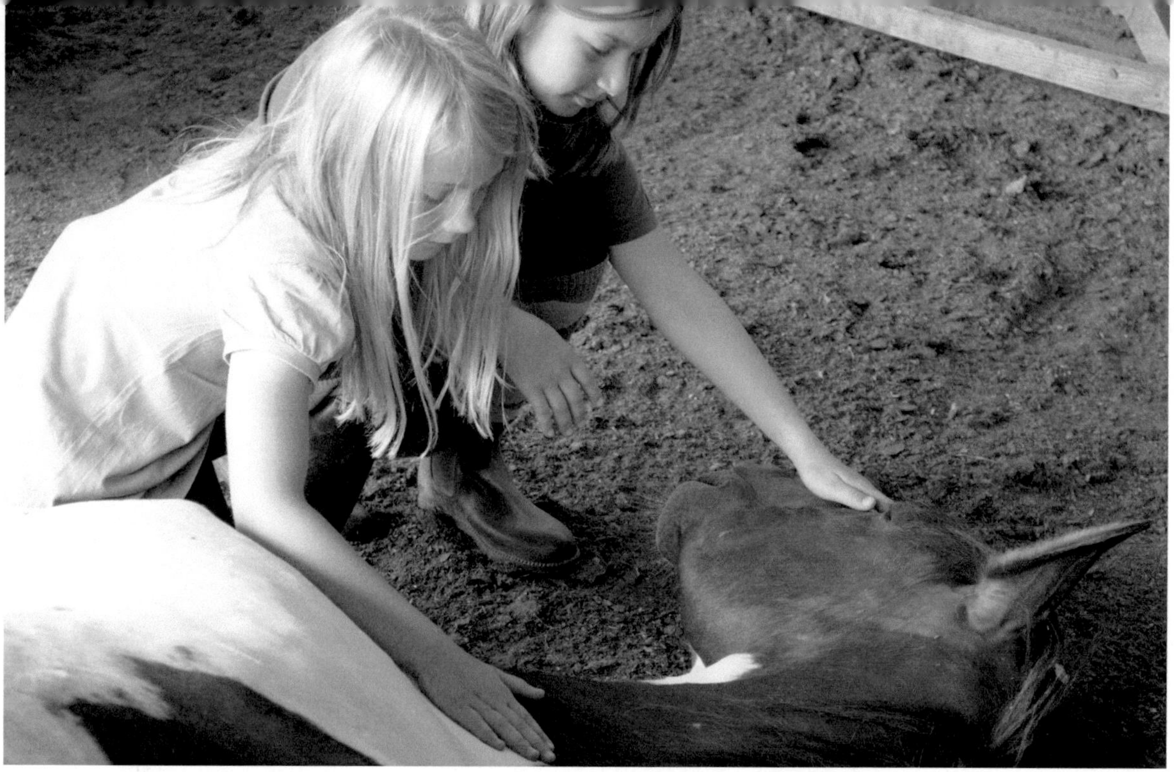

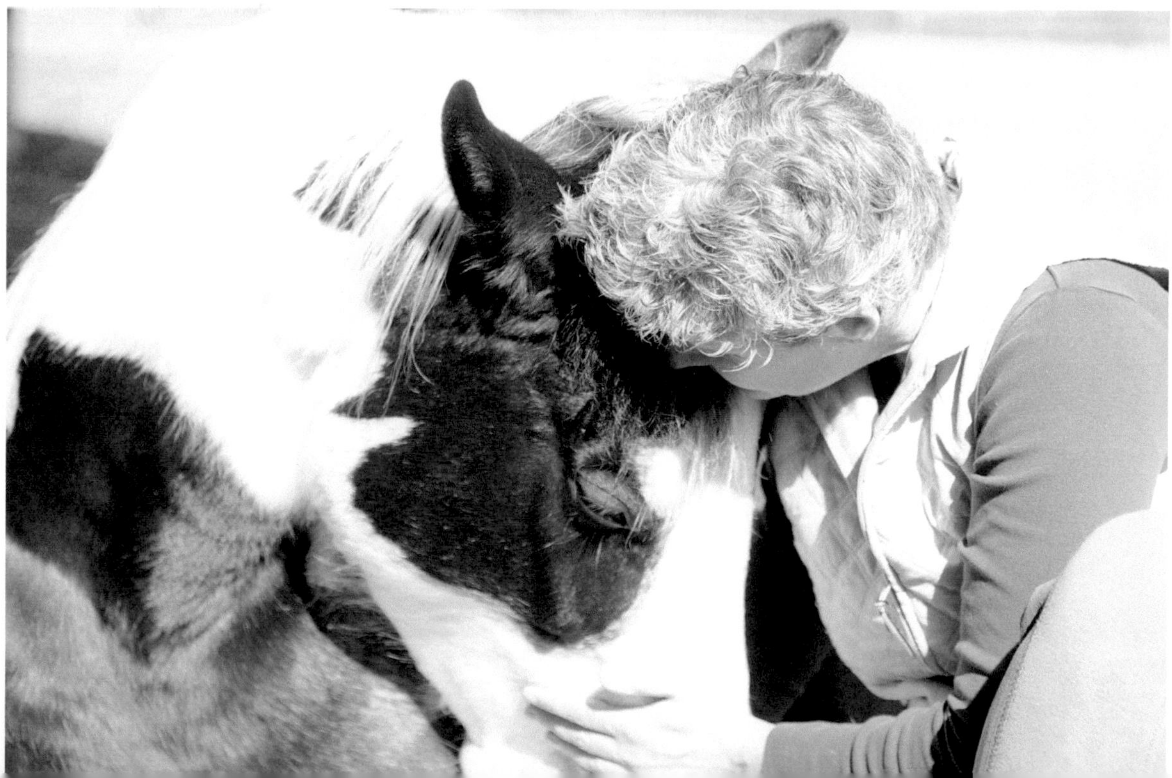

Wir können lernen, unseren gewohnten
Schutzraum allmählich zu verlassen...

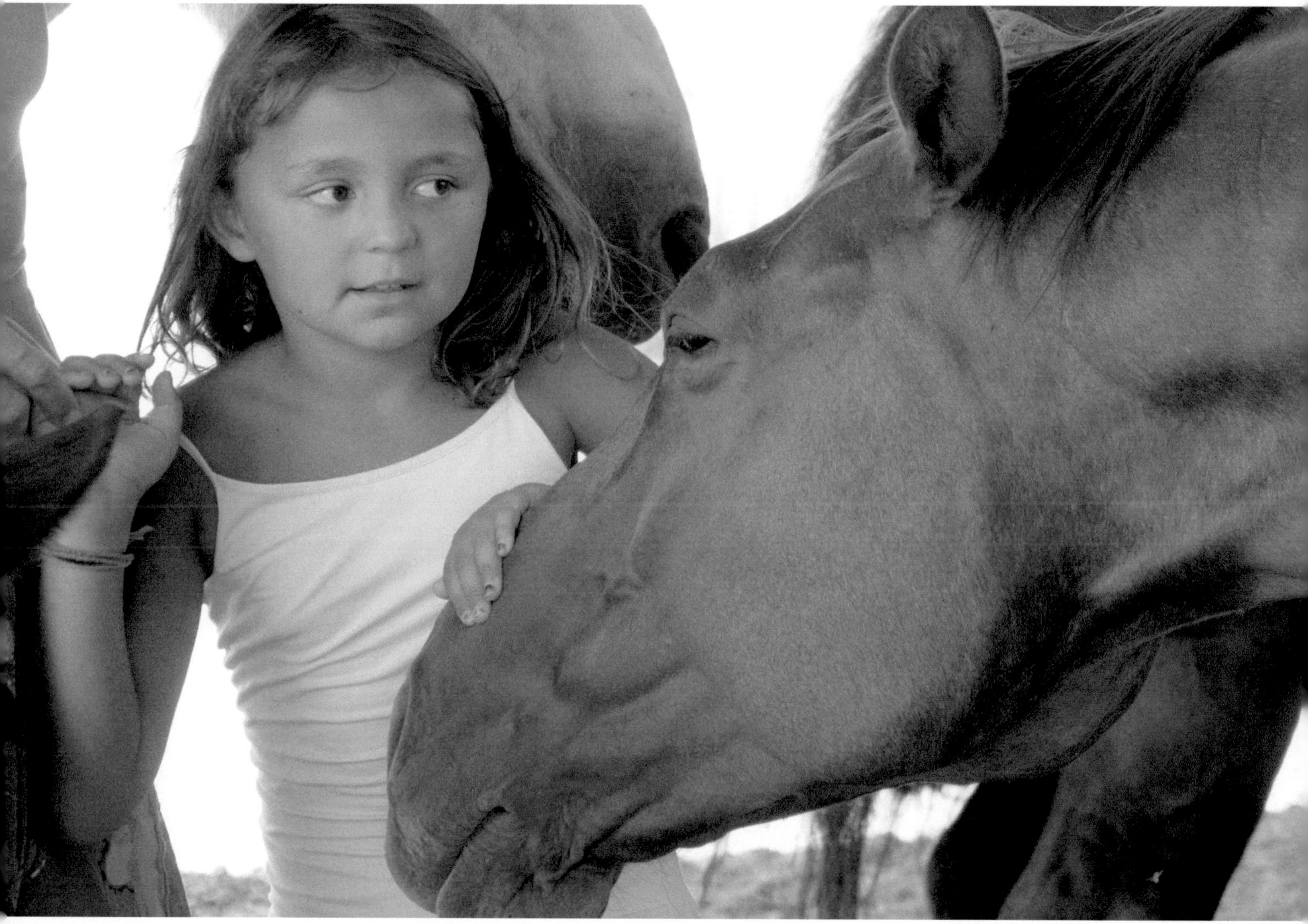

und im Schutz eines Pferdes wagen,
Räume in uns selbst zu betreten, die uns...

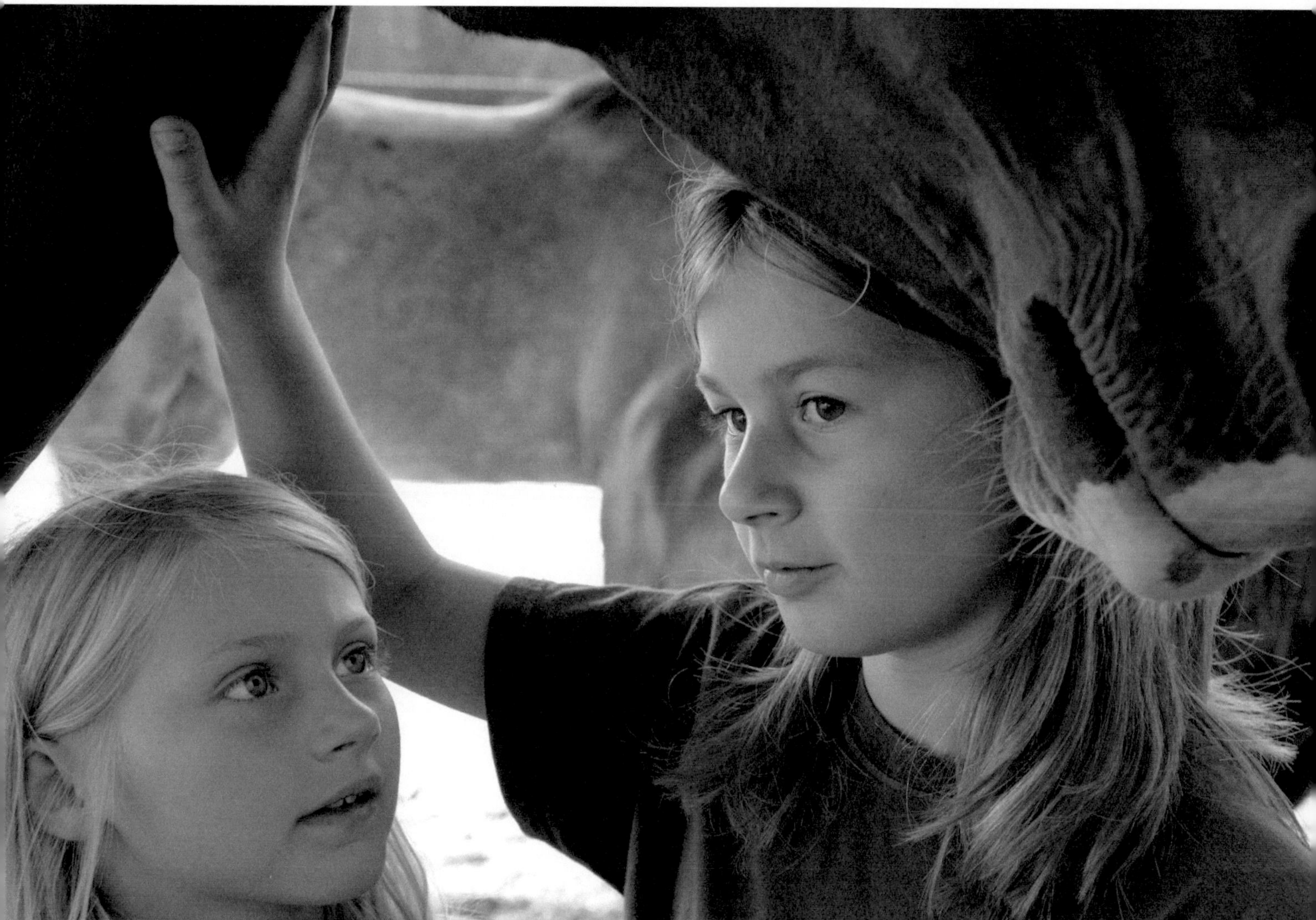

aufgeschlossener...

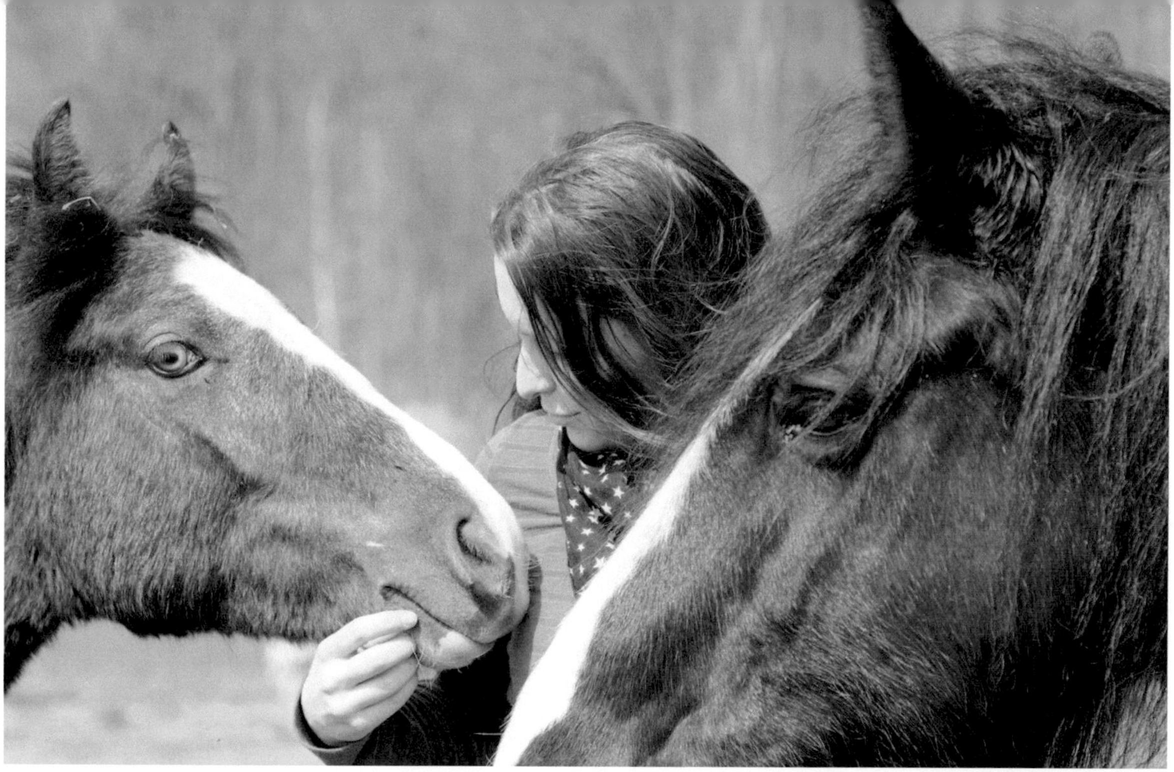

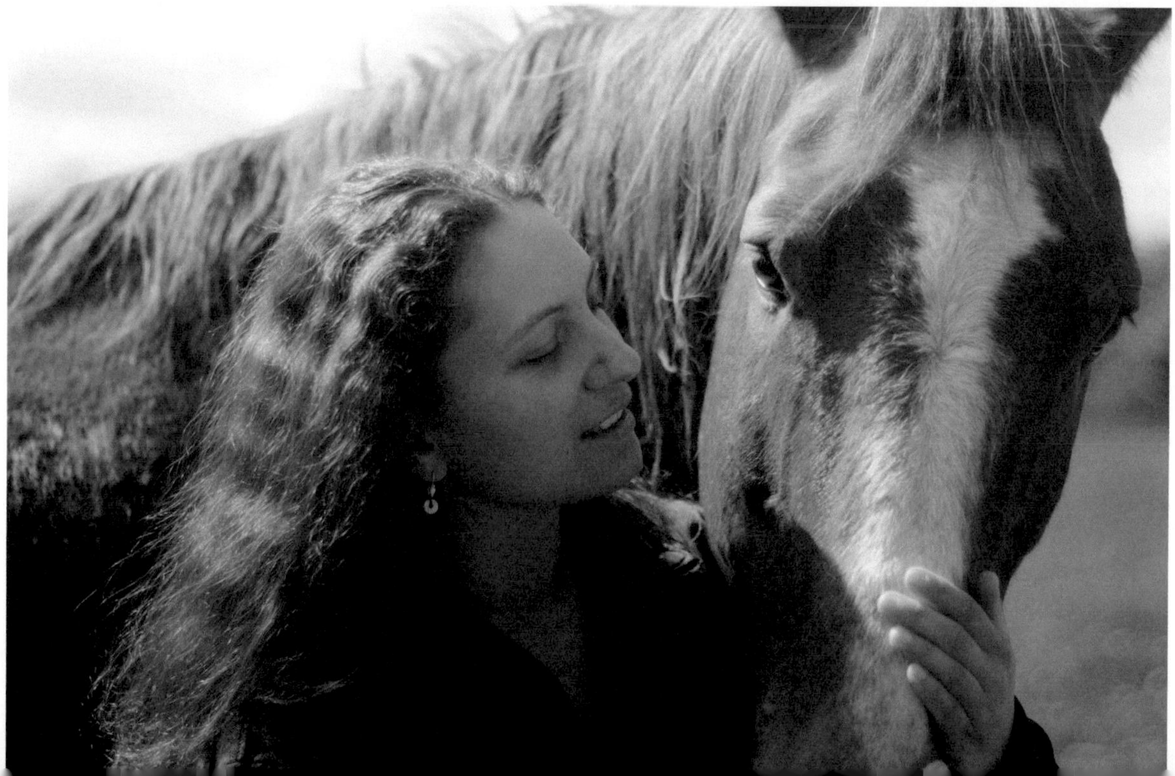

selbstbewusster...

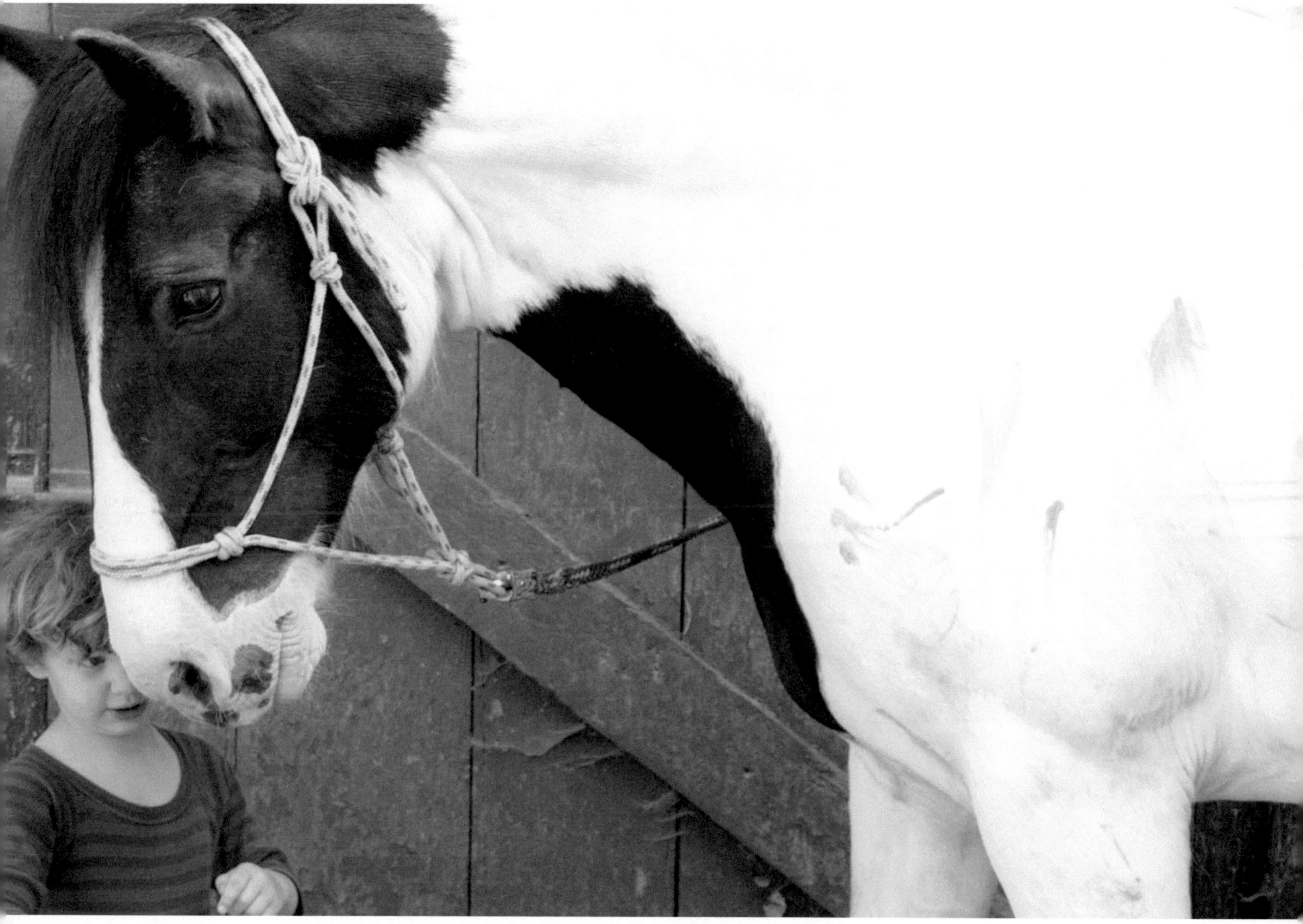

unabhängiger...

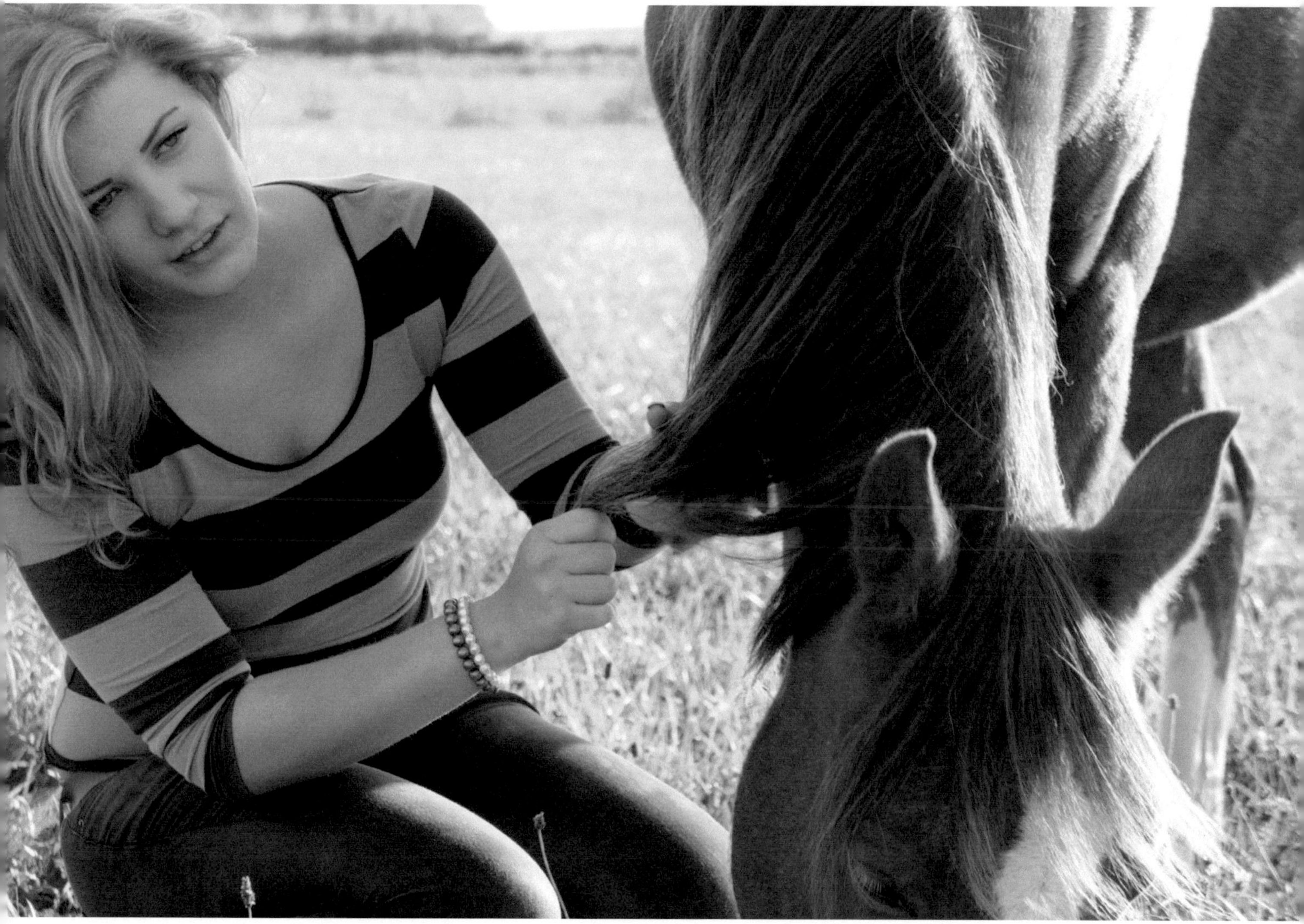

ausdrucksstärker...

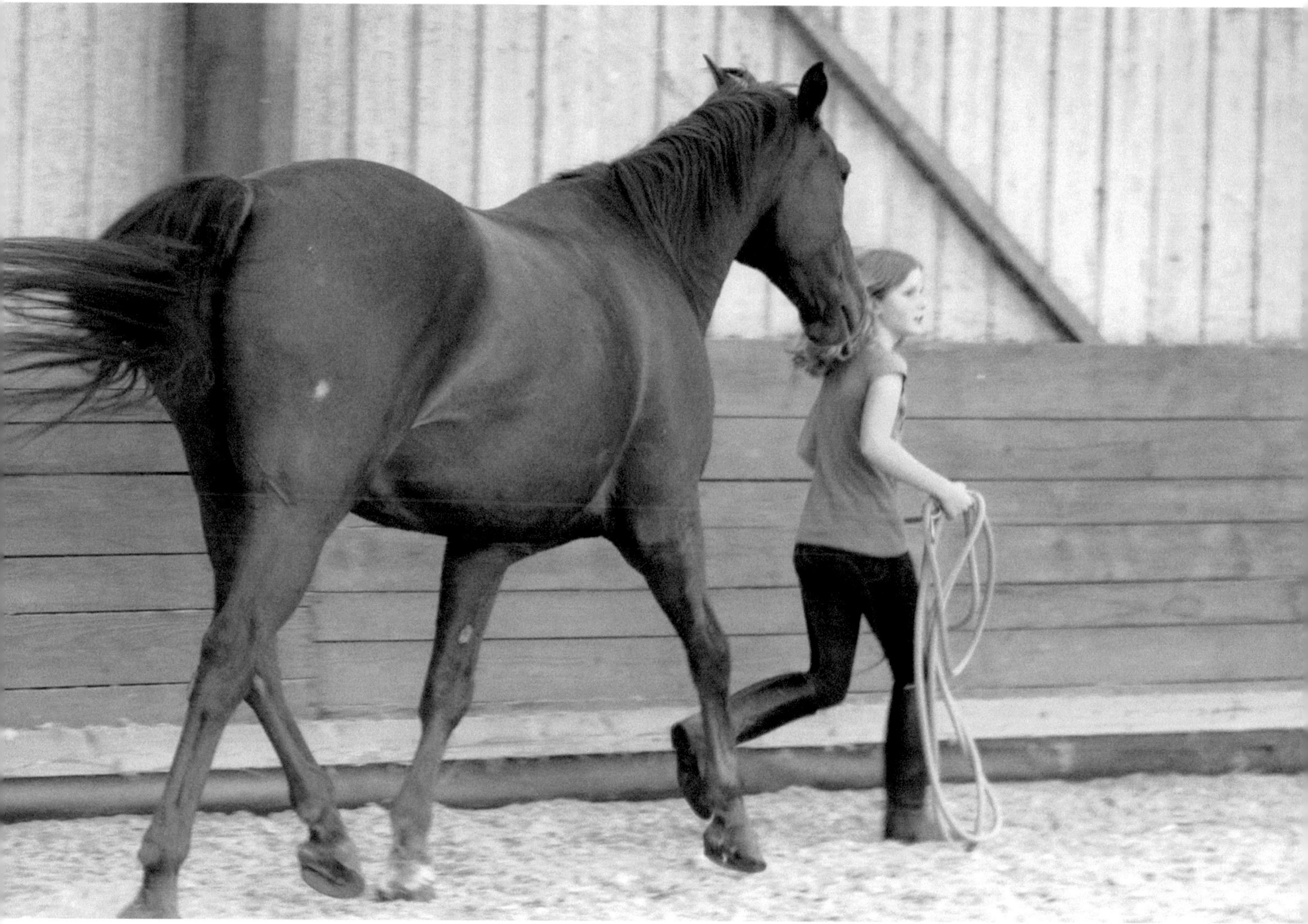

und entspannter werden lassen.

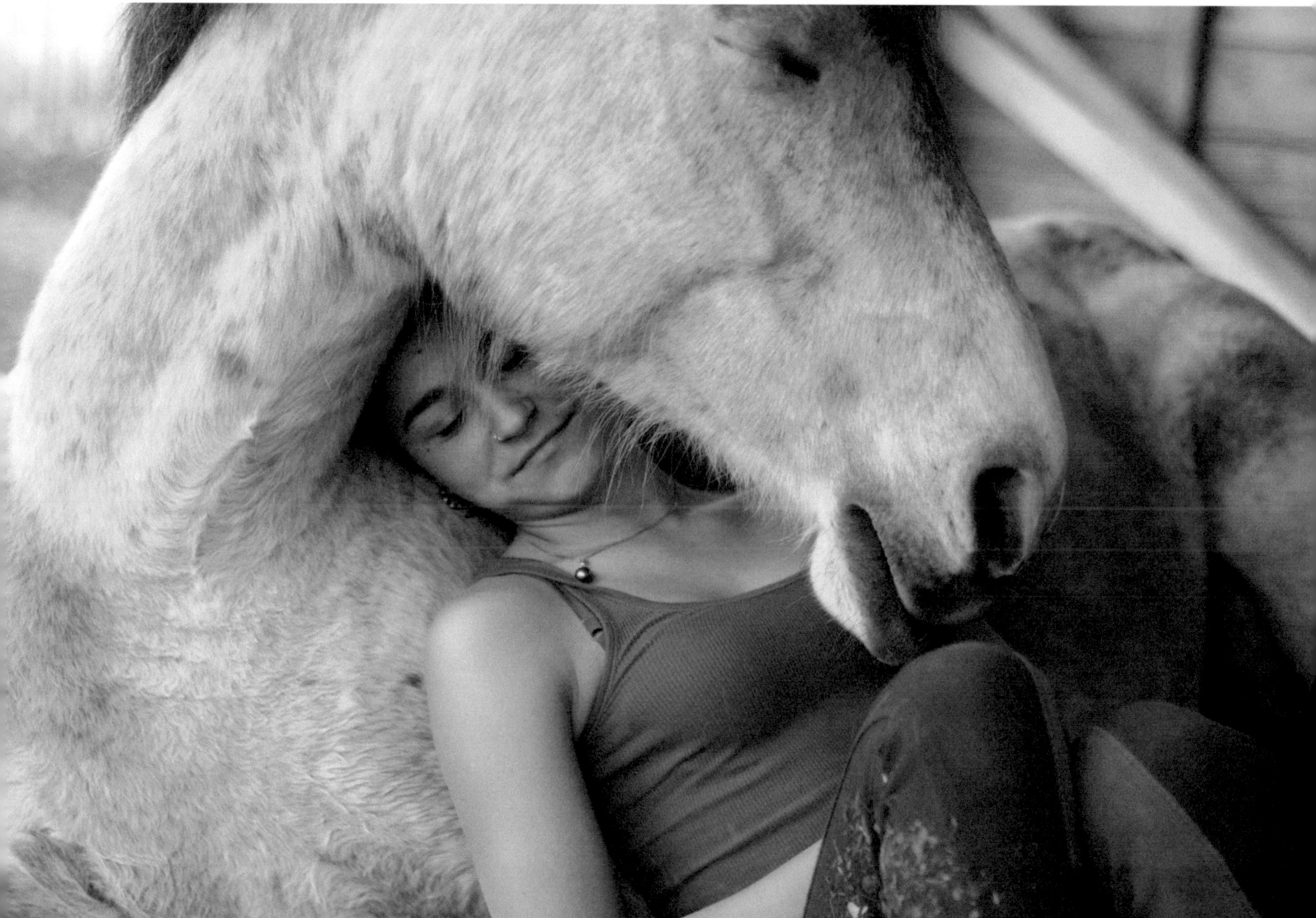

Über eine liebe- und vertrauensvolle Beziehung zu
einem Pferd, können wir den Zugang finden, um uns
selbst liebevoll anzunehmen und dem Leben
mehr und mehr anzuvertrauen.

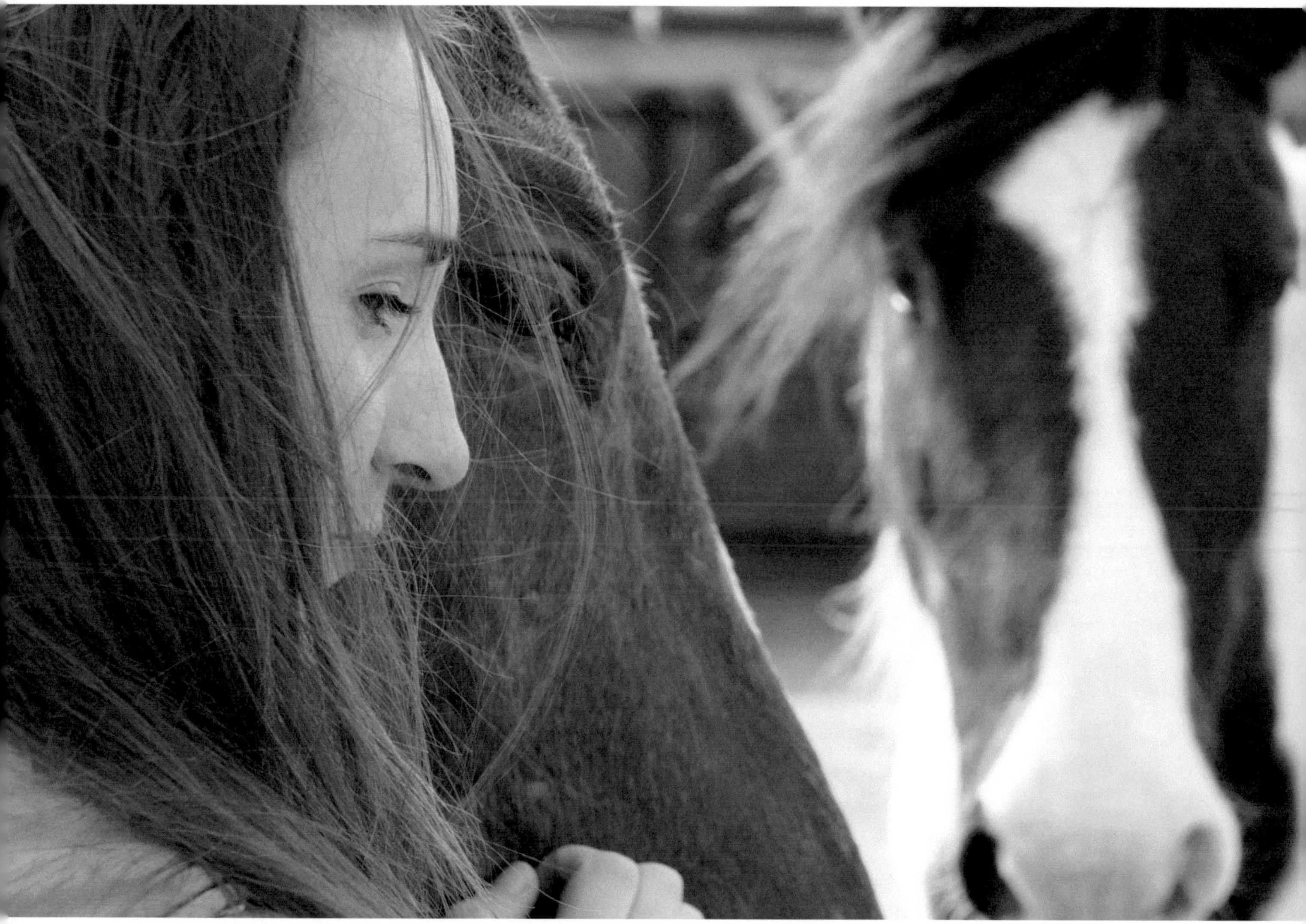

Offenheit

„Wir haben alle von Kindesbeinen an gelernt, unser Herz zu verschließen, und kaum einer von uns ist je darauf aufmerksam gemacht, geschweige denn gelehrt worden, wie man es wieder öffnen kann."

Safi Nidiaye

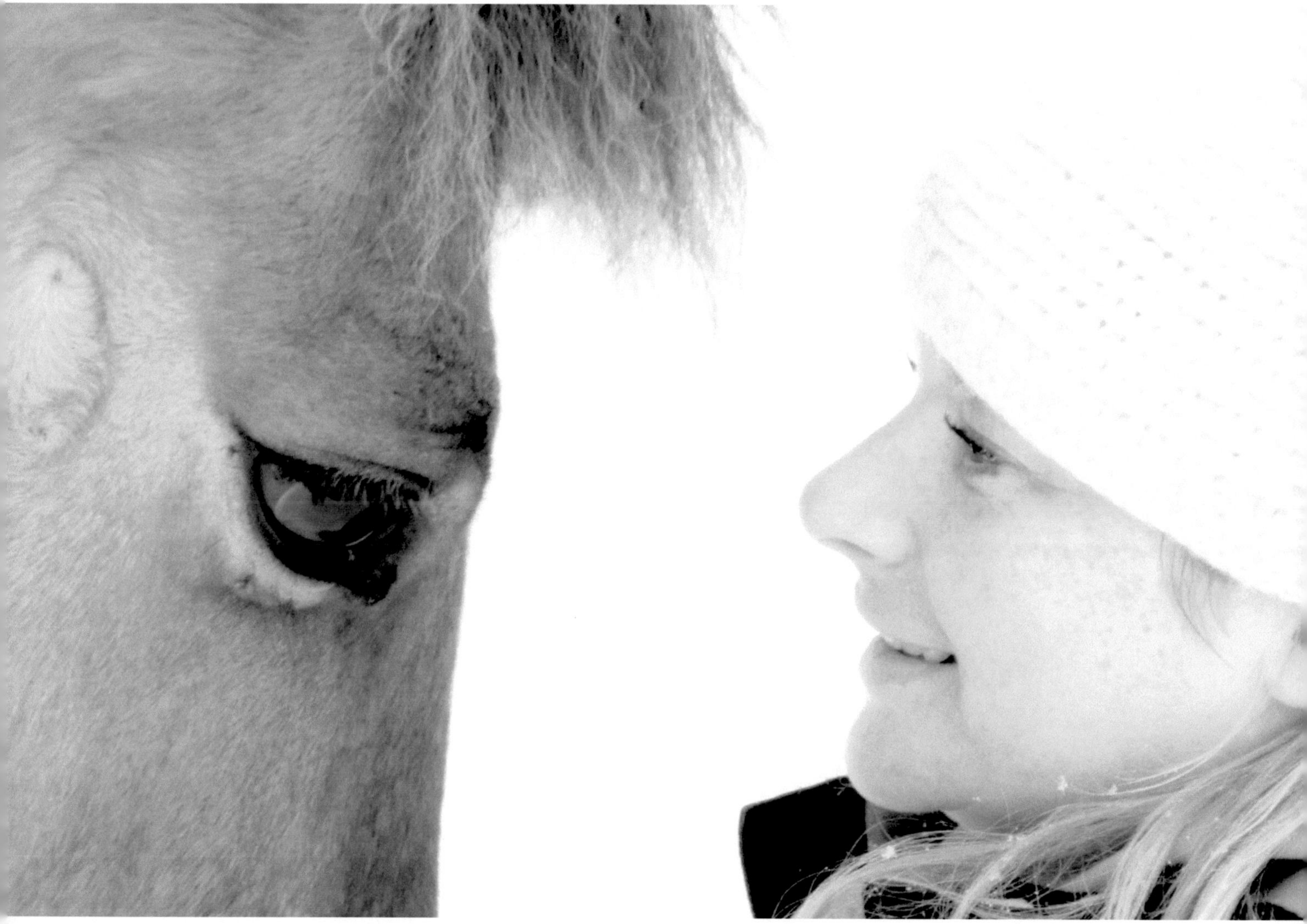

In der Begegnung mit einem Pferd haben wir die Möglichkeit, in unser Herz zu sehen, es wieder zu spüren und es nach und nach zu öffnen...

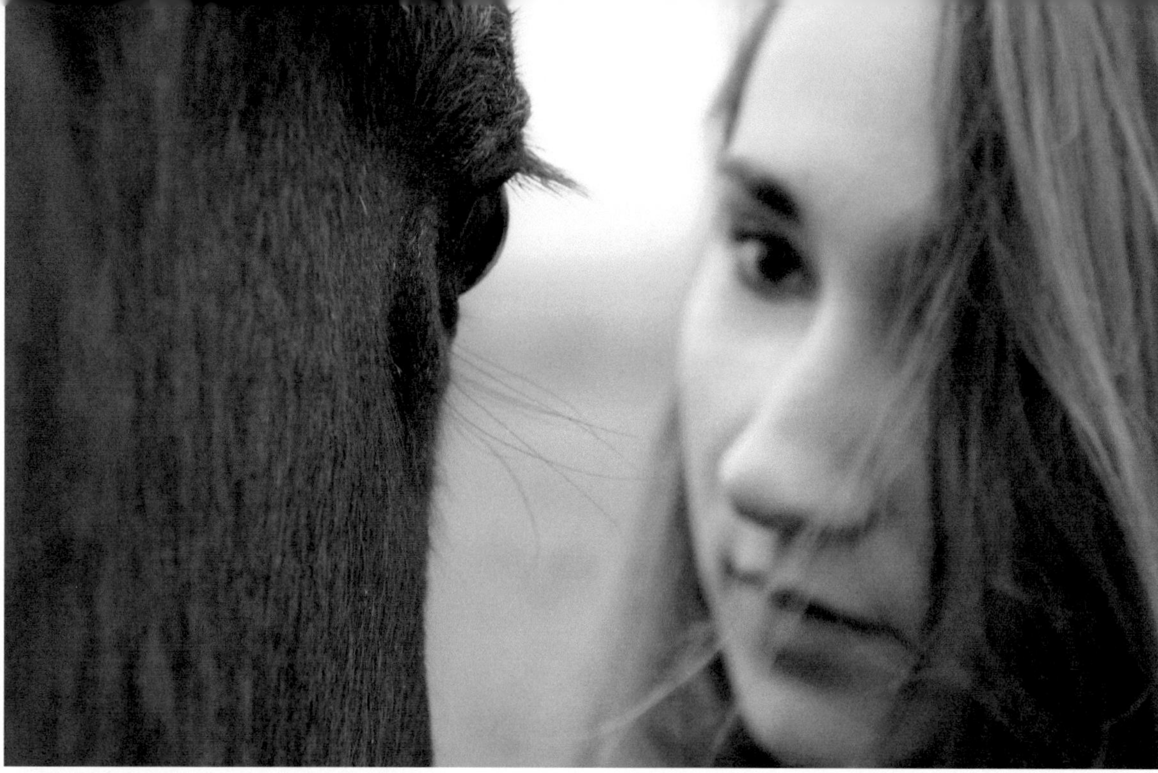

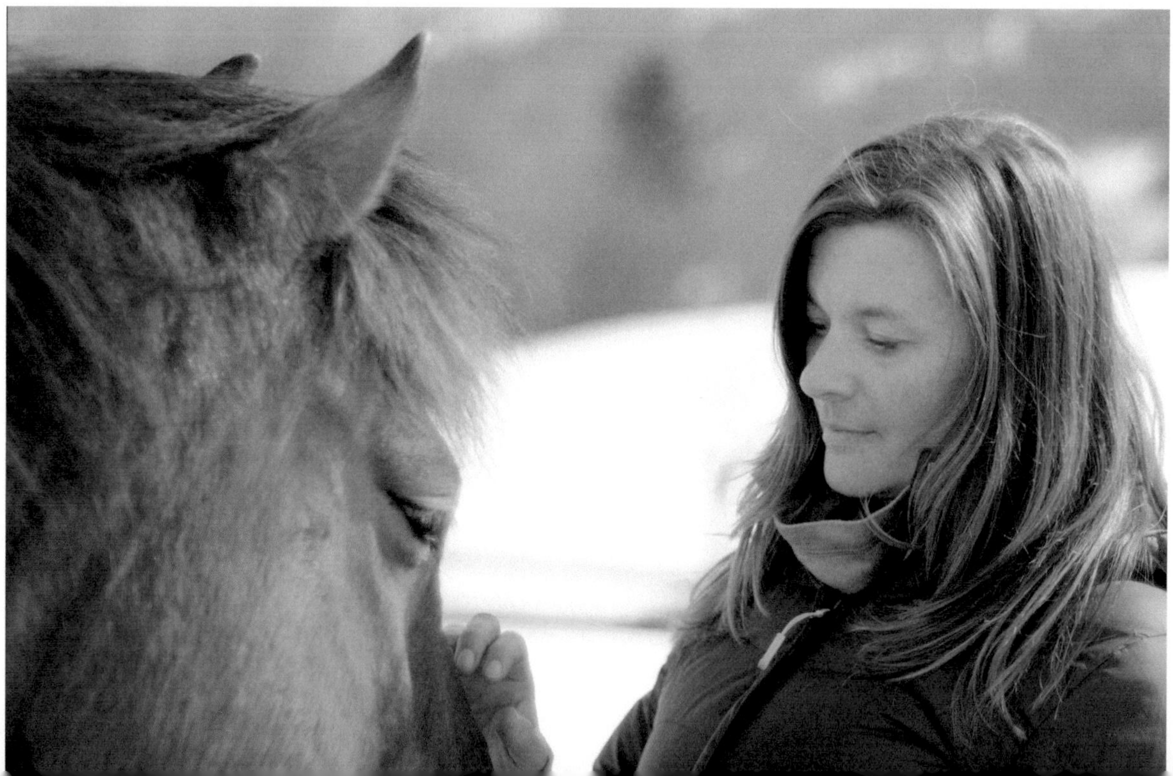

und in den Momenten, in denen unser Herz offen ist, erfahren wir im Zusammensein mit einem Pferd Zuwendung...

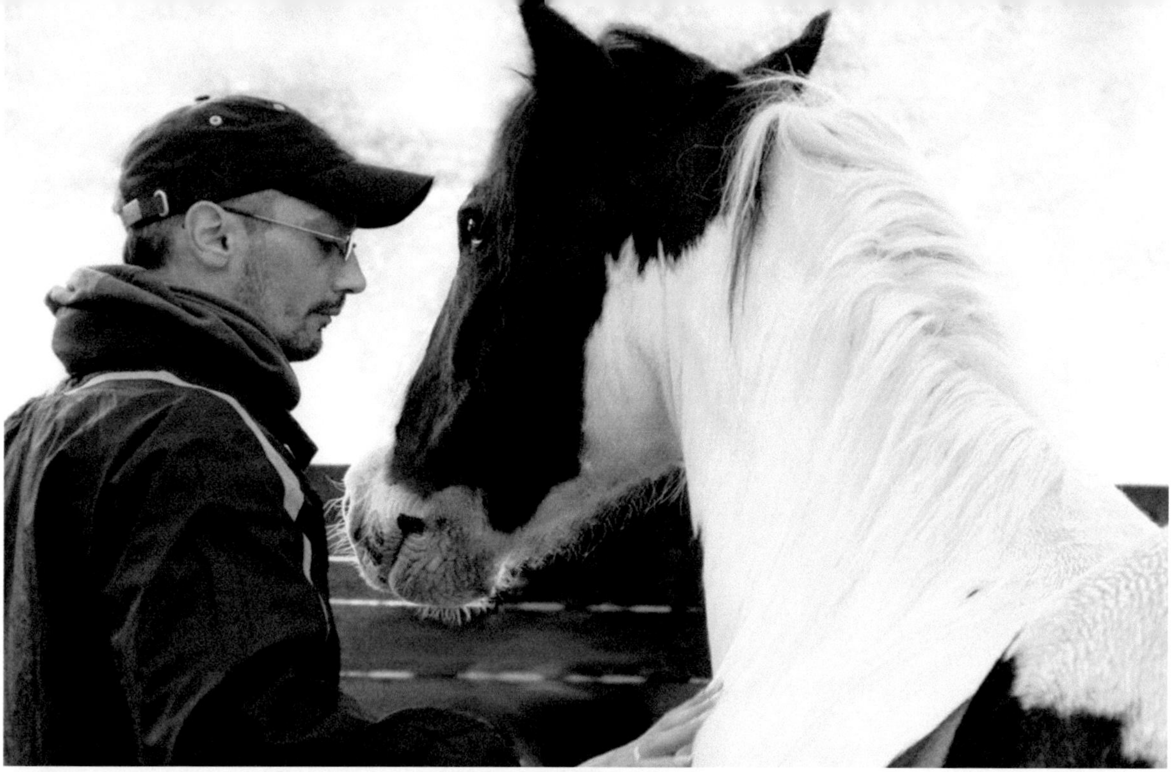

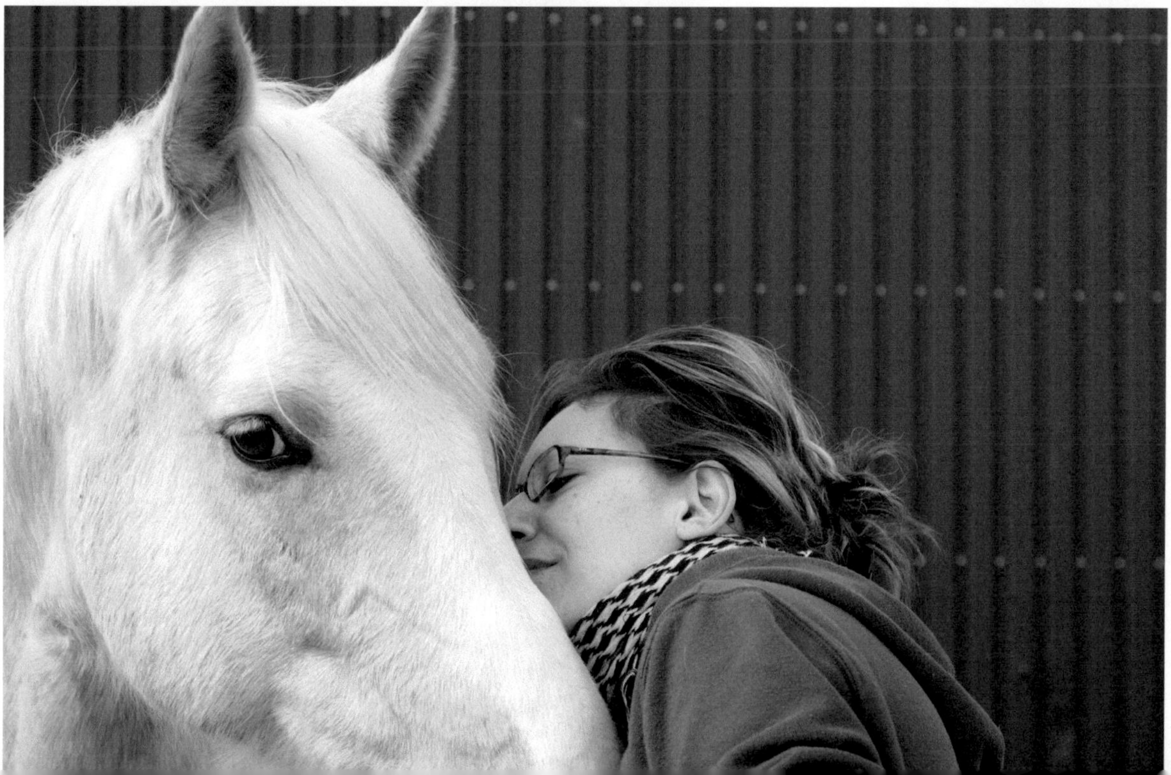

Freundlichkeit...

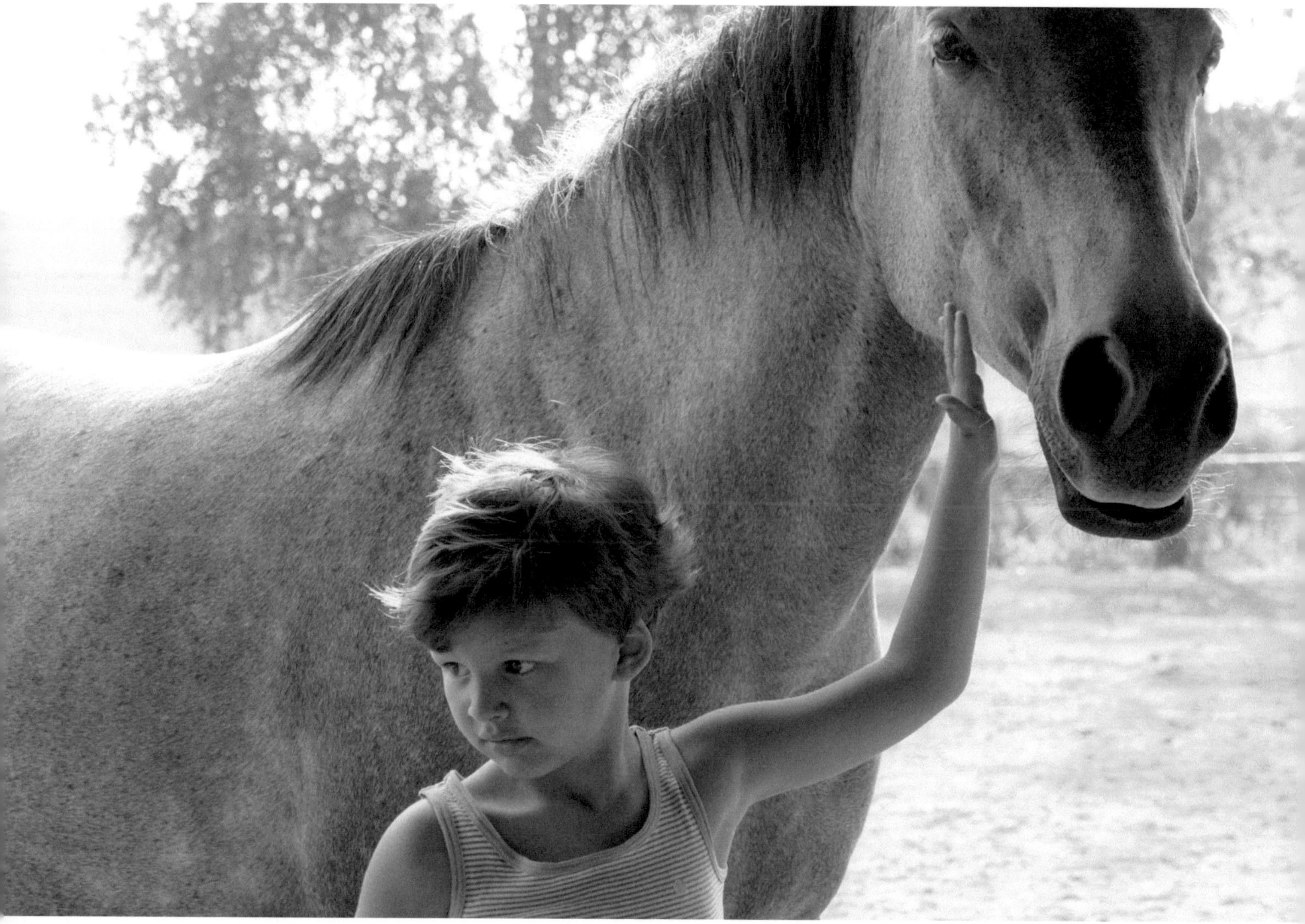

Zärtlichkeit...

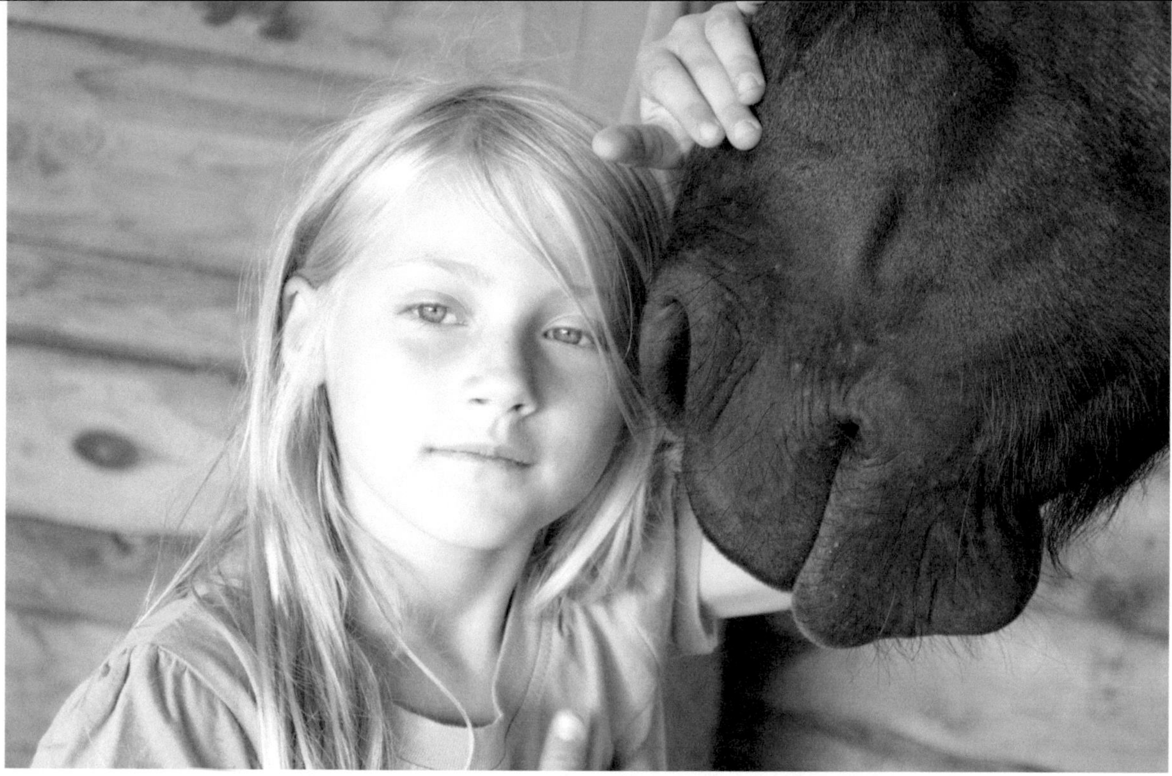

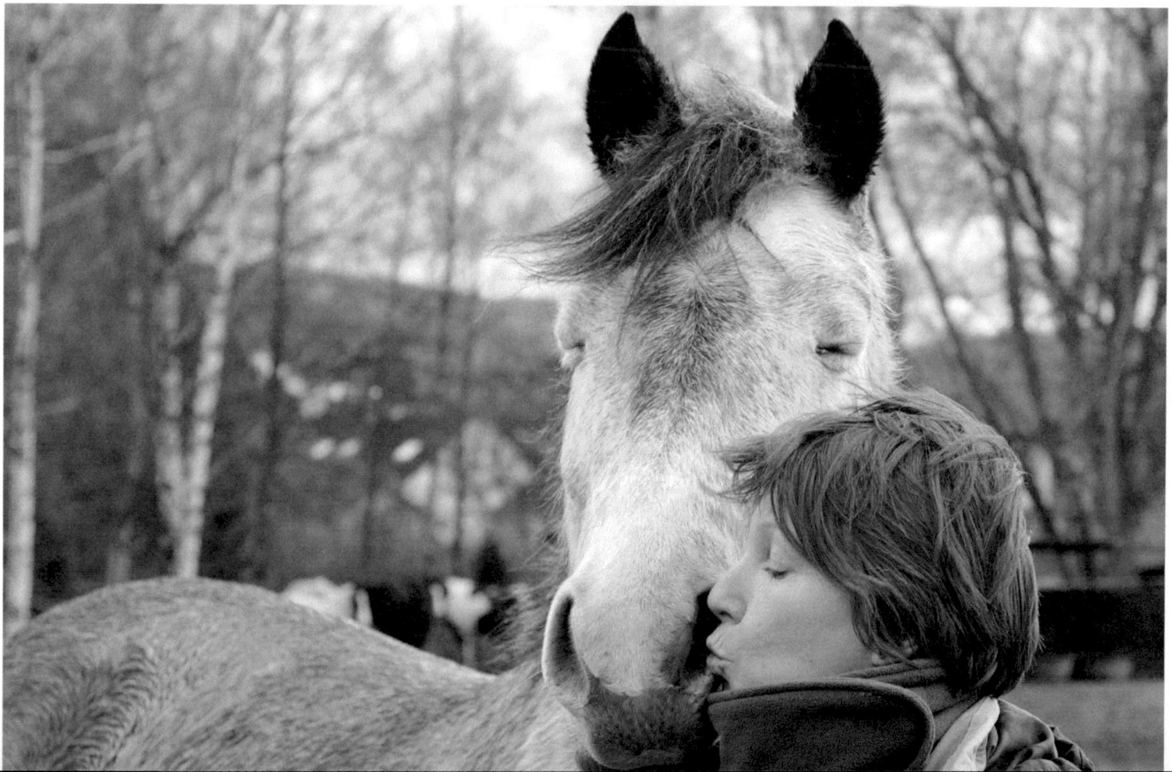

und Annahme.

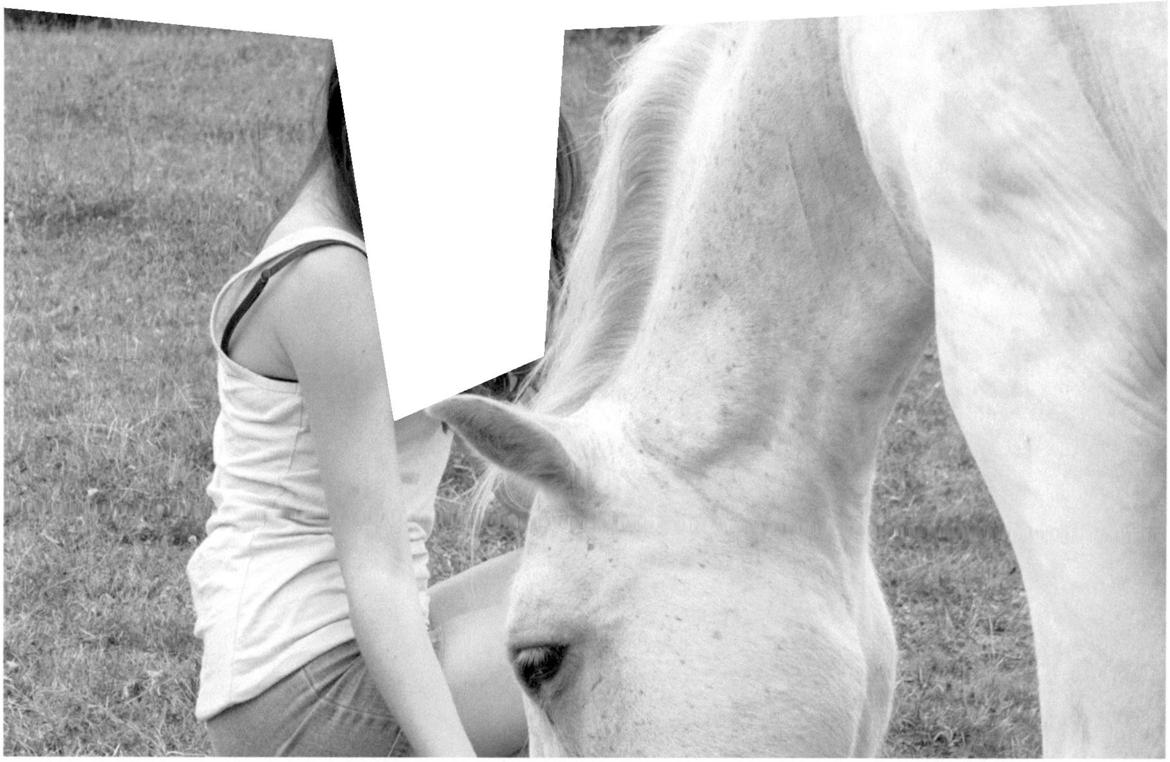

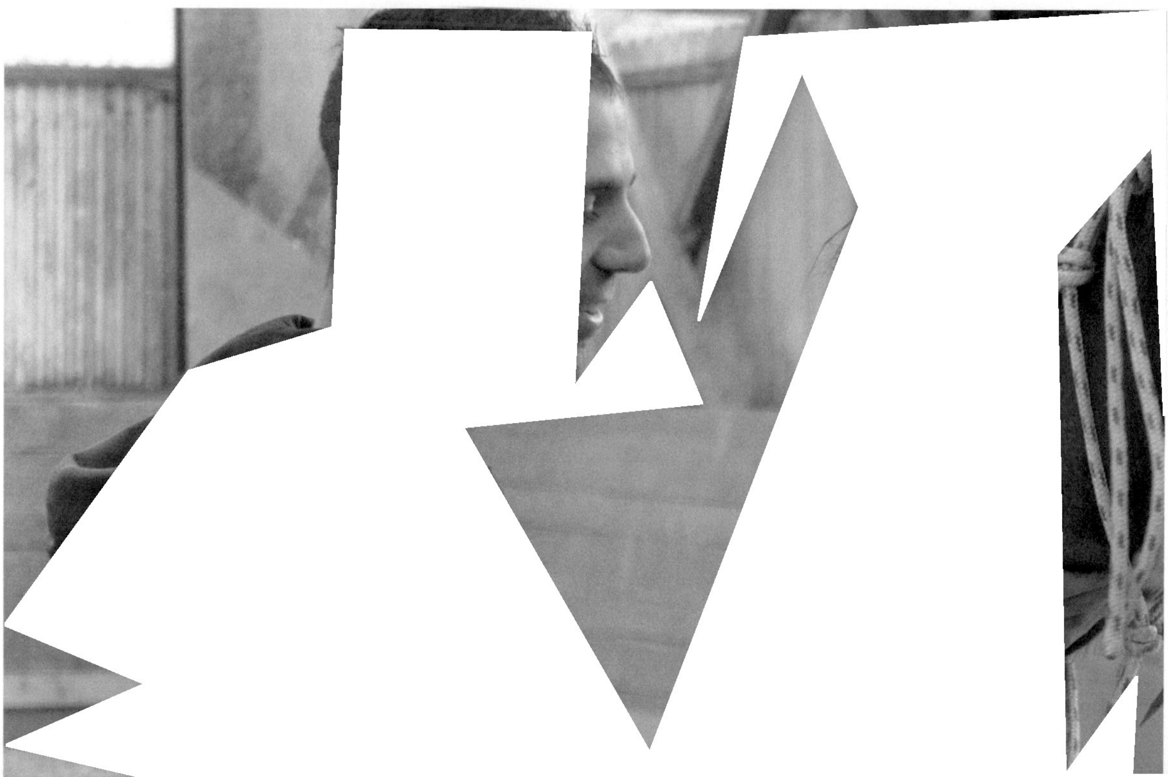

Mit zunehmender Offenheit und den Erfahrungen, die uns auf unserem Weg bestärken, schwinden unsere Ängste und wir ruhen immer mehr in uns selbst.

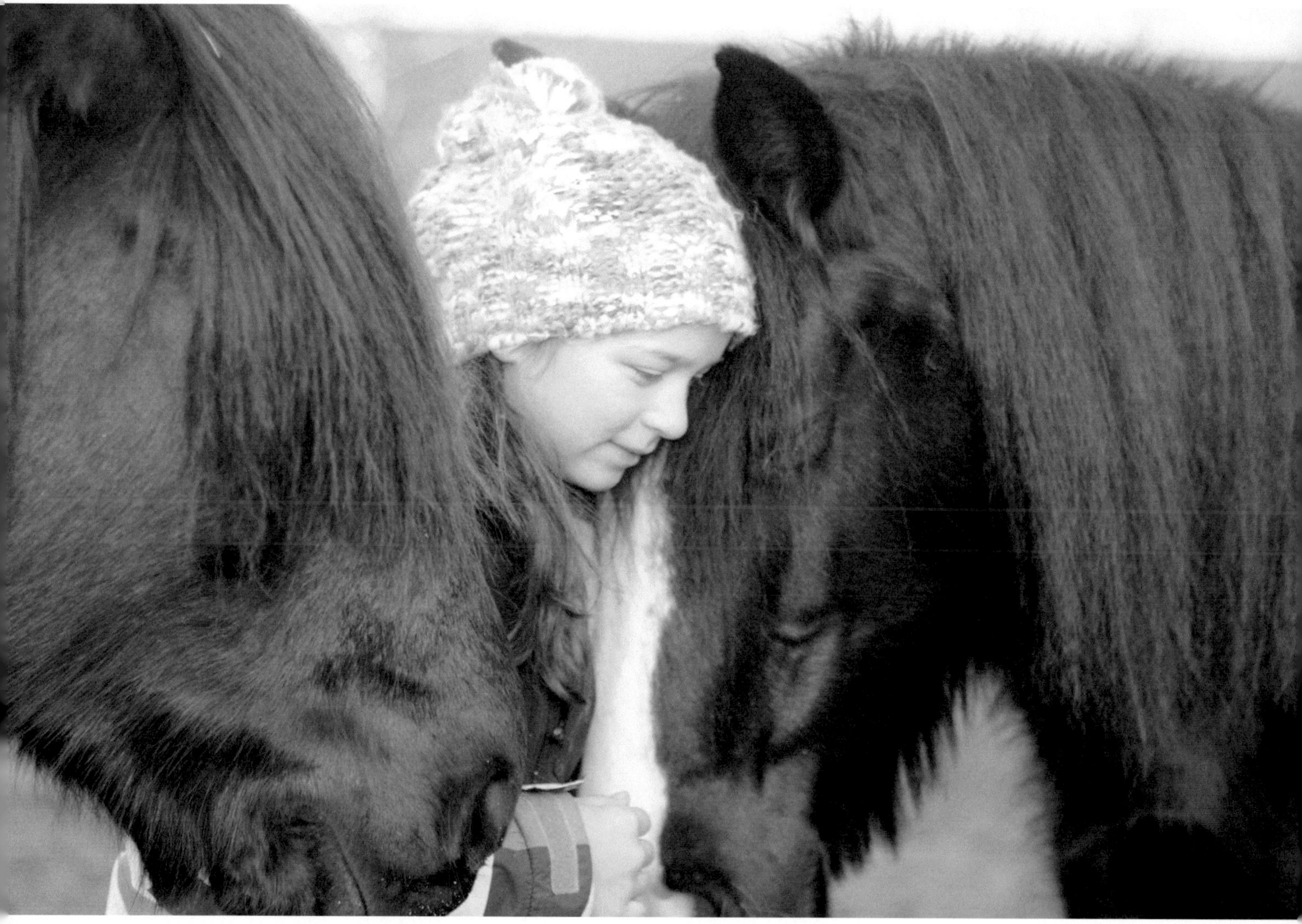

Begleitung

„Man kann die eigene Situation erst wirklich klären
und die Ängste auflösen, wenn man sie fühlen kann,
nicht aber in Diskussionen darüber.
Erst dann hebt sich der Schleier und man realisiert,
was man wirklich braucht: keinen Bevormunder,
keine Deuter, keine Verwirrer;
man braucht den Raum zum eigenen Wachstum
und
die Begleitung eines wissenden Zeugen - auf der
langen Reise, die man angetreten hat."

Alice Miller

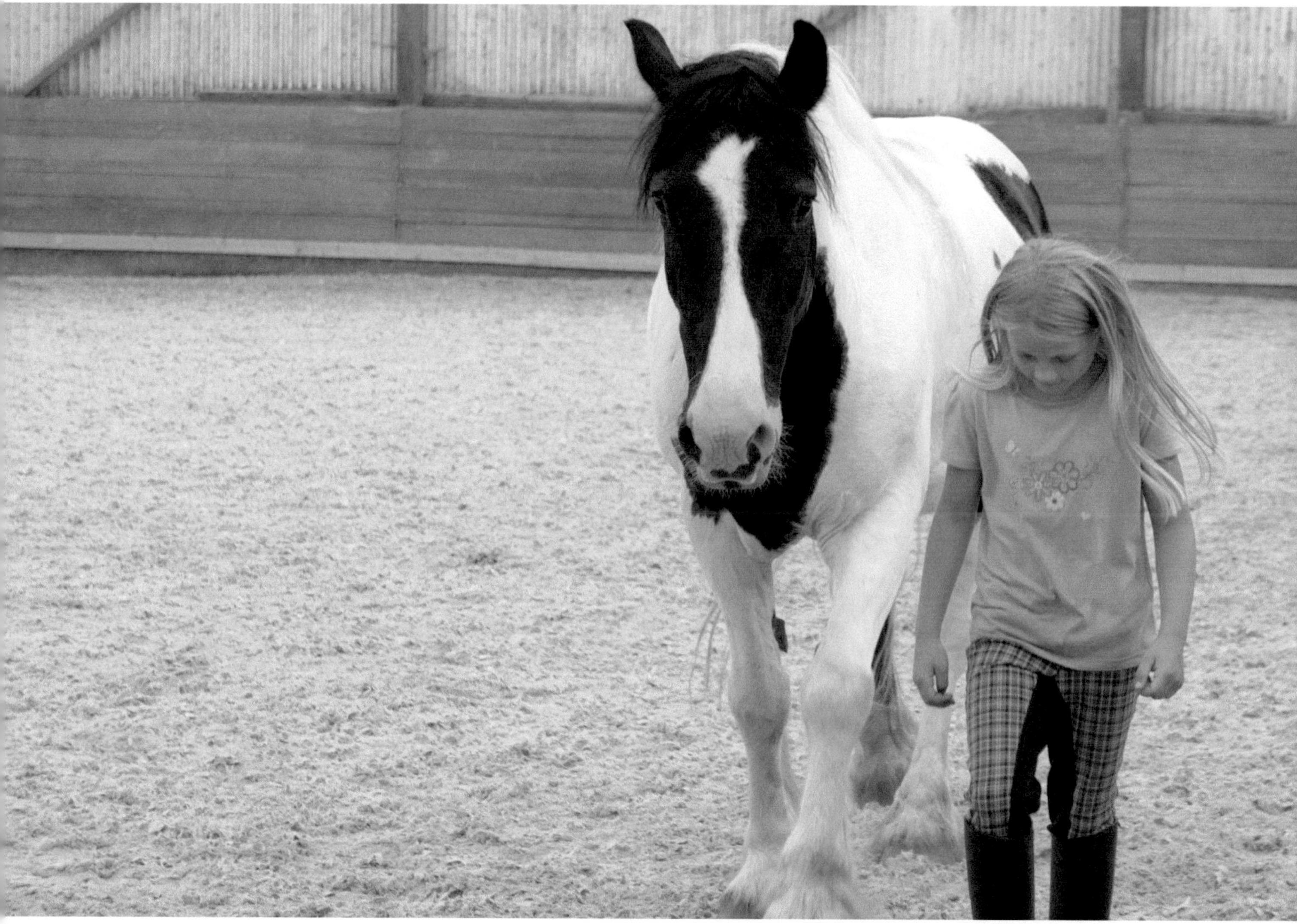

In der Begegnung mit einem Pferd können wir die Erfahrung machen, dass es in bestimmten Phasen unseres Lebens hilfreich ist...

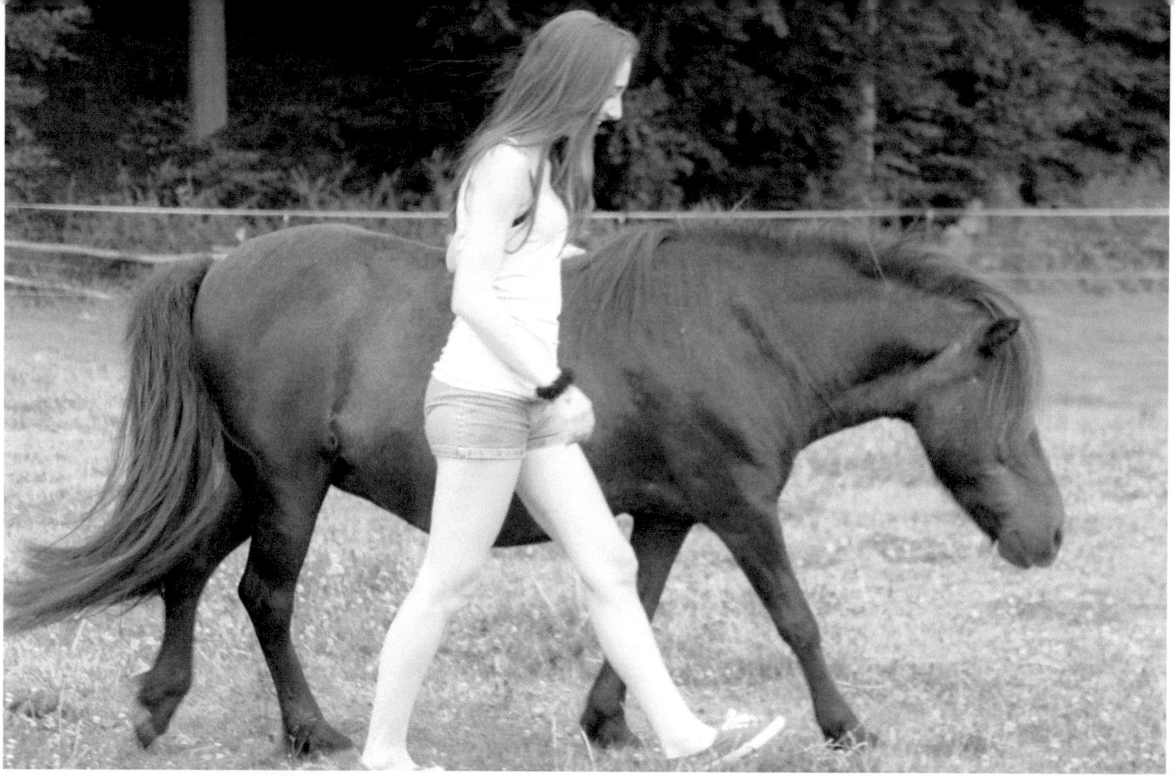

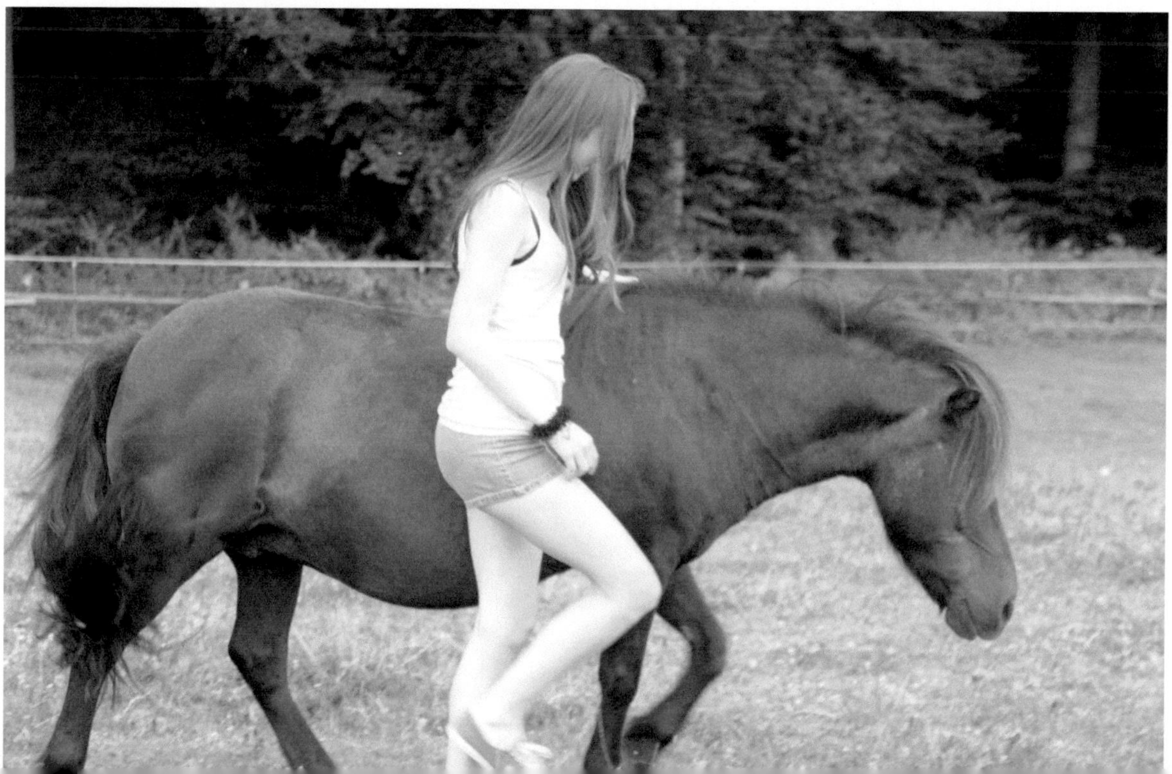

einen liebenden und stützenden Begleiter
an der Seite zu haben.

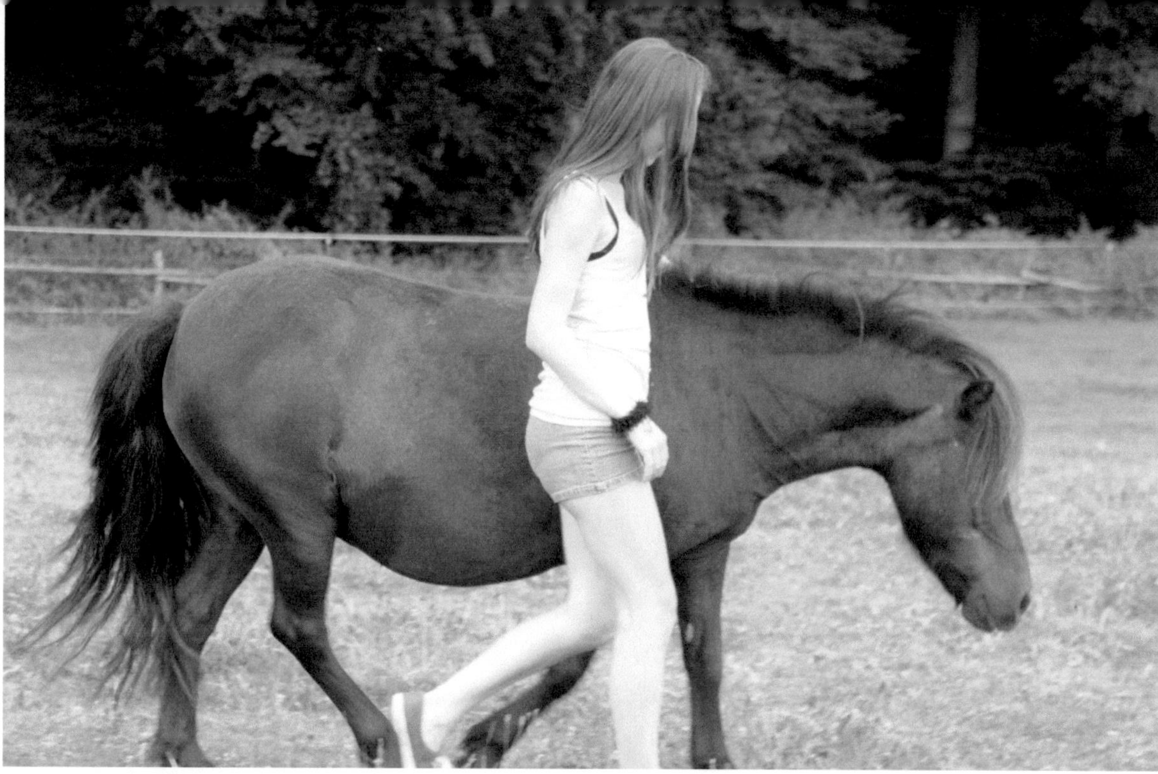

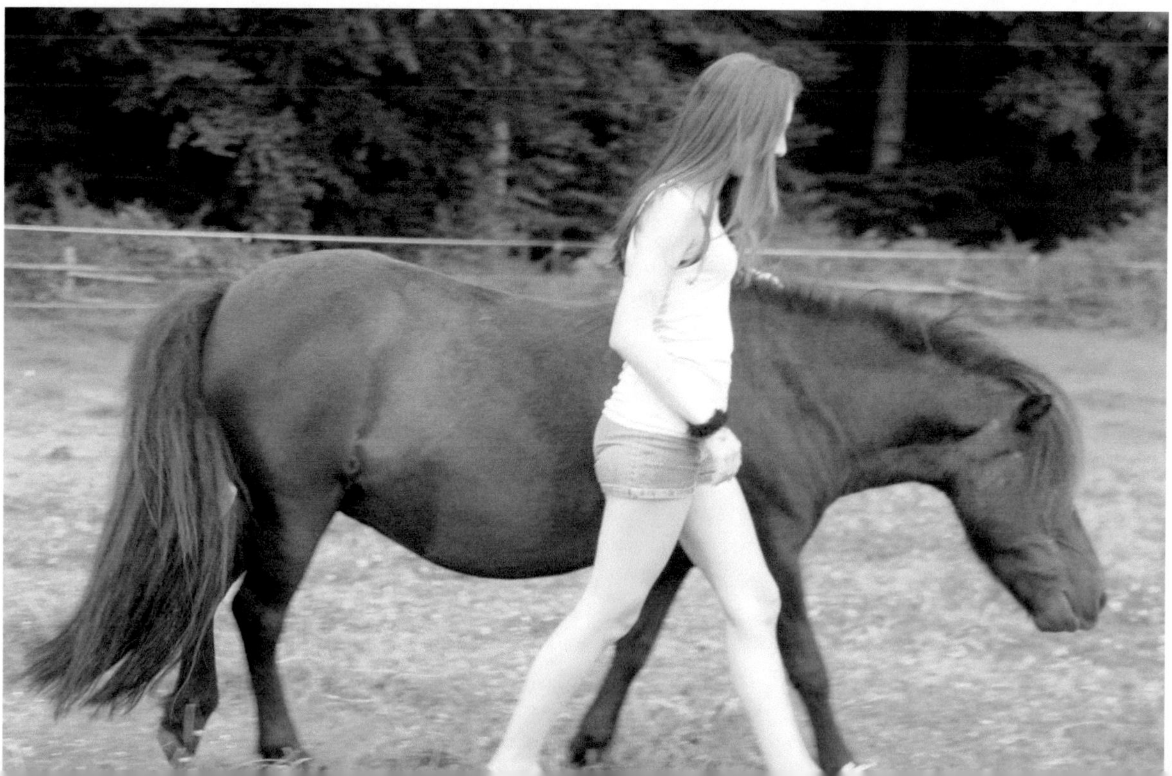

Im Schutz des Begleiters fühlen wir uns gestärkt, um uns mit unseren Ängsten und tief liegenden Verletzungen zu konfrontieren...

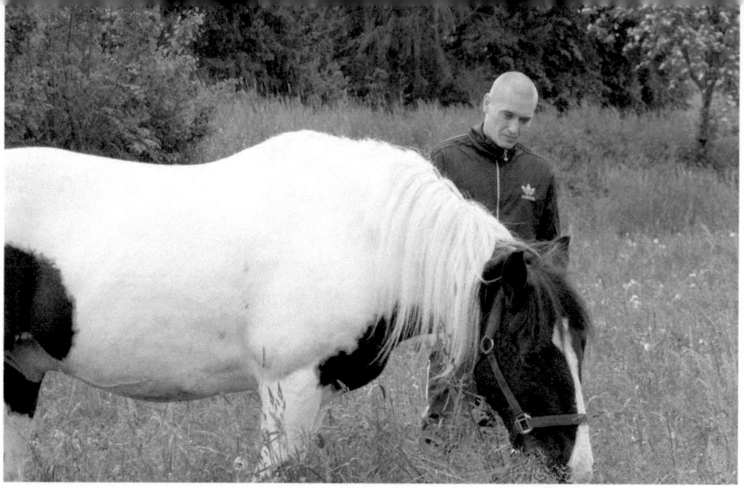

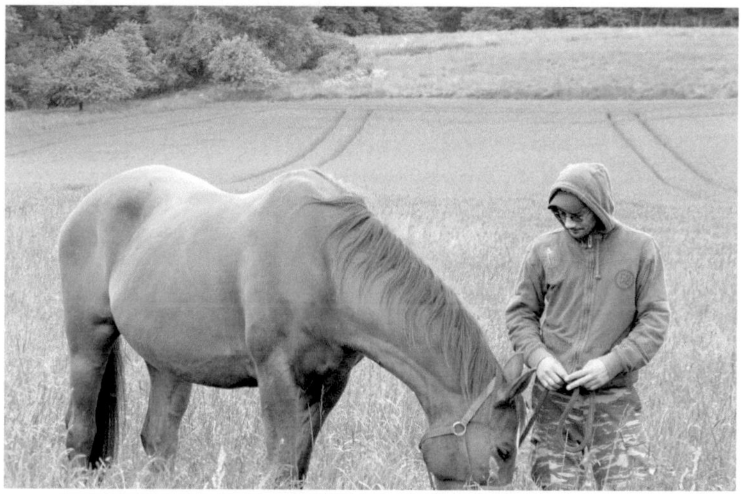

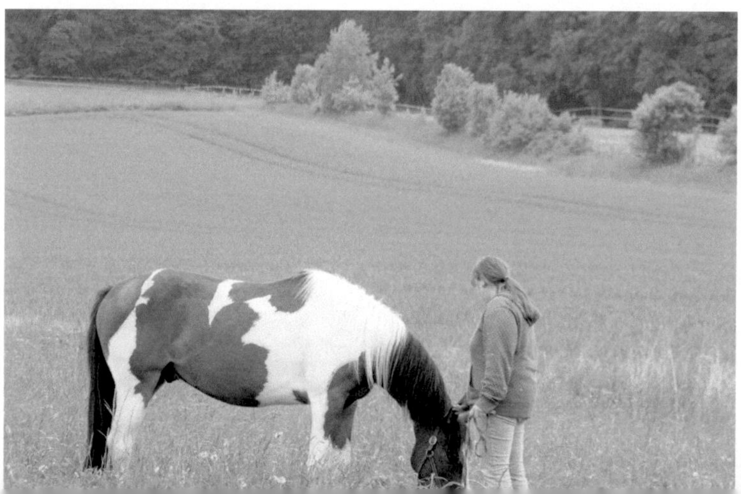

was uns über uns selbst hinauswachsen lässt...

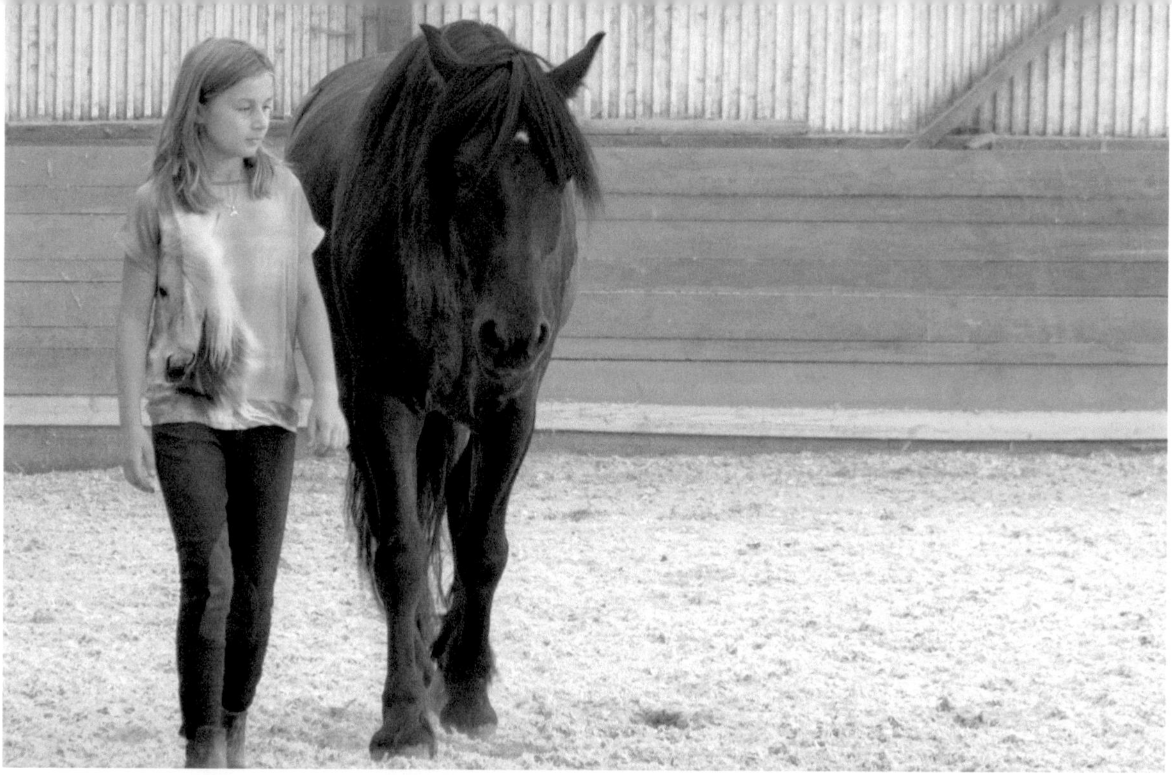

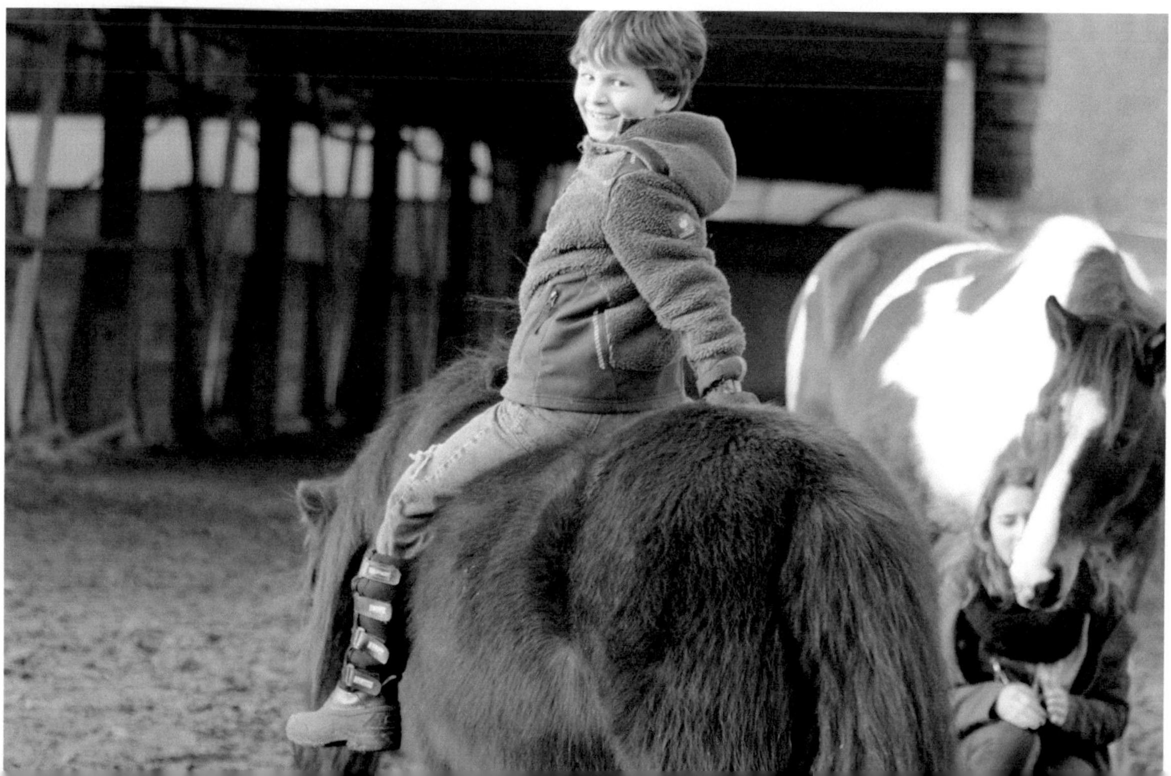

uns bereit werden lässt, neue Wege einzuschlagen...

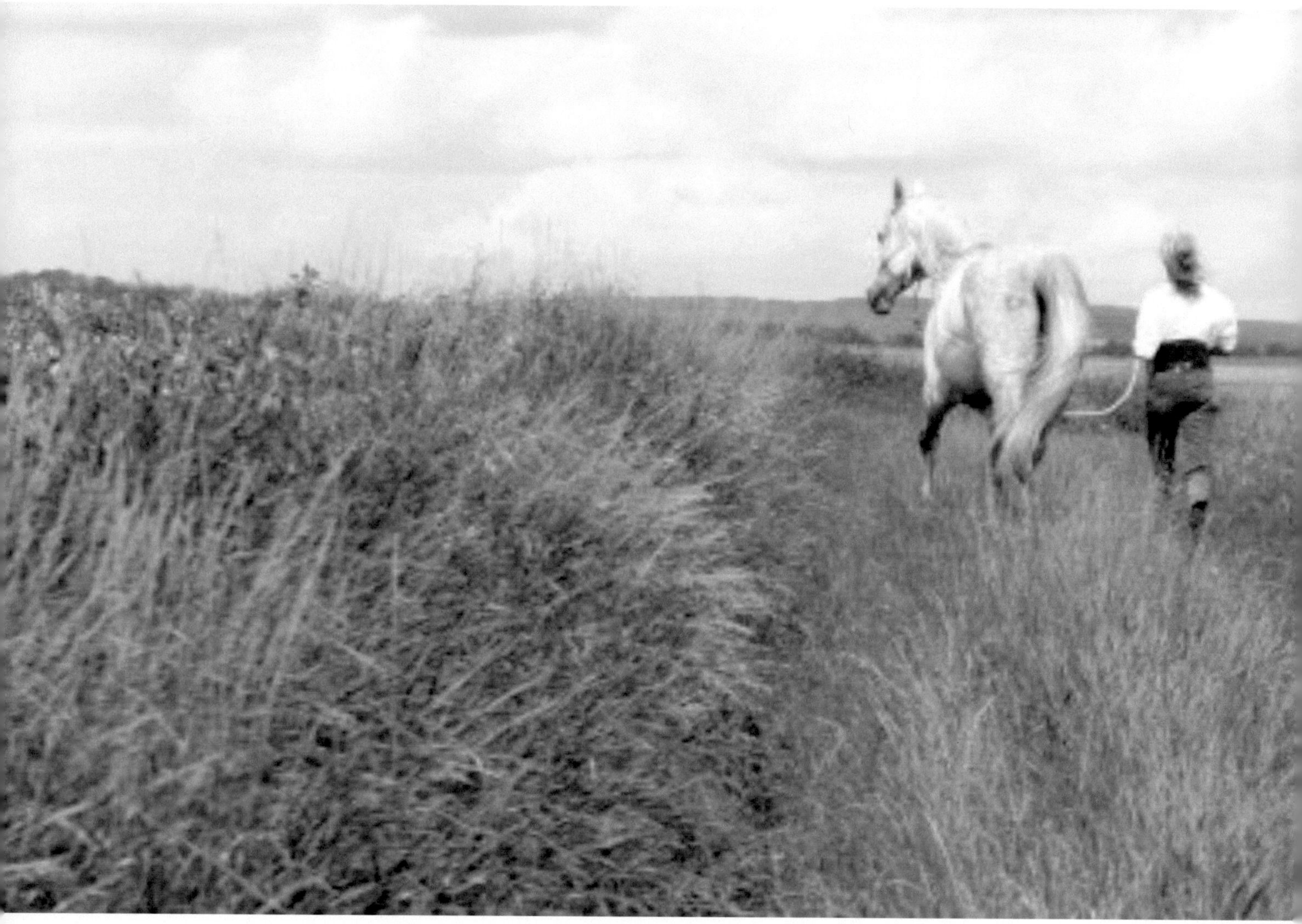

und uns die Chance gibt, eines Tages selbst
ein liebevoller und stützender Begleiter zu sein.

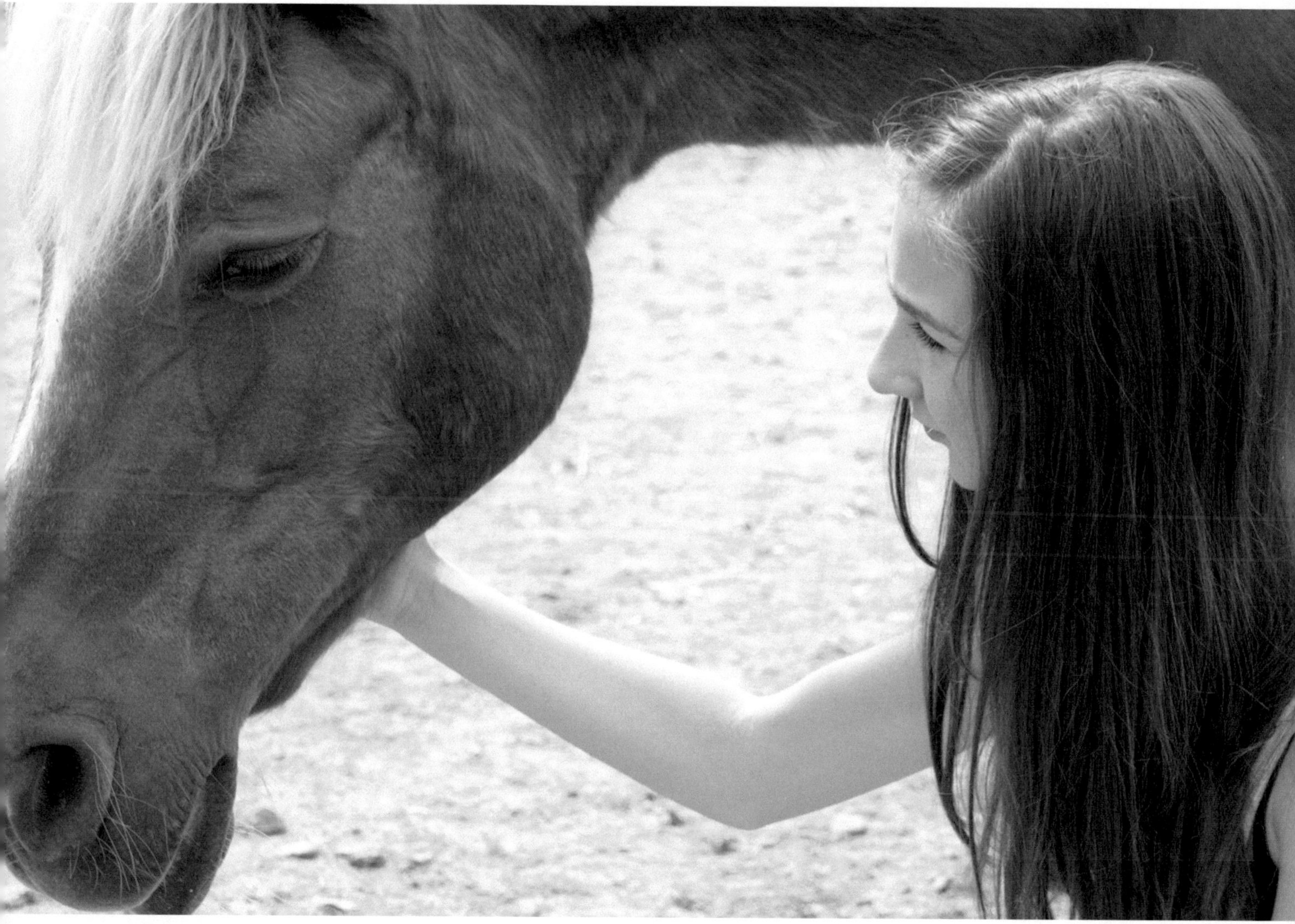

Zulassen

„Gefühle werden < gehabt >;
die Liebe geschieht.
Gefühle wohnen im Menschen;
aber der Mensch wohnt in seiner Liebe.“

Martin Buber

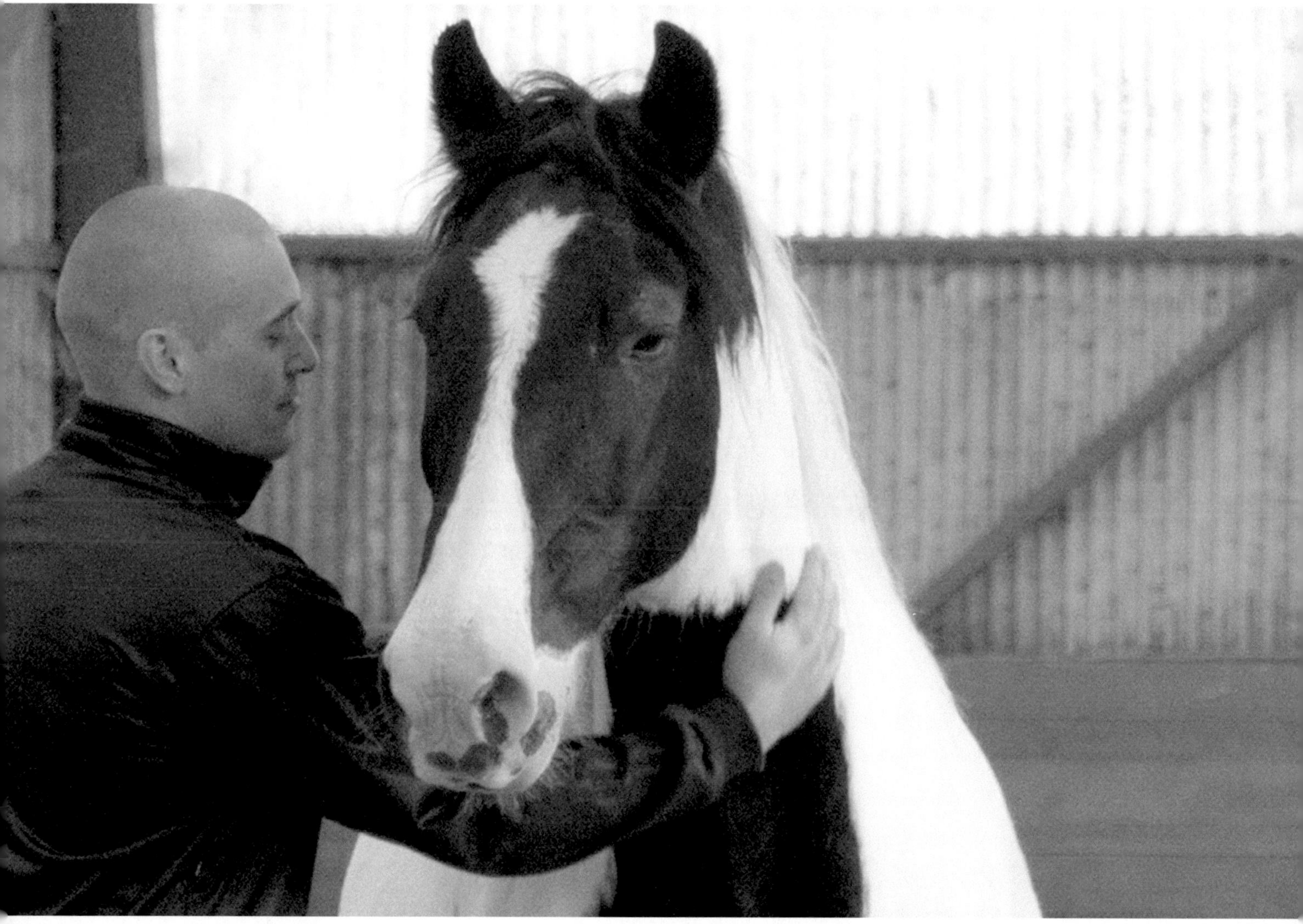

In der Begegnung mit einem Pferd können wir einen Zugang zu unseren Gefühlen bekommen, uns ihrer bewusst werden und lernen, sie zu leben.

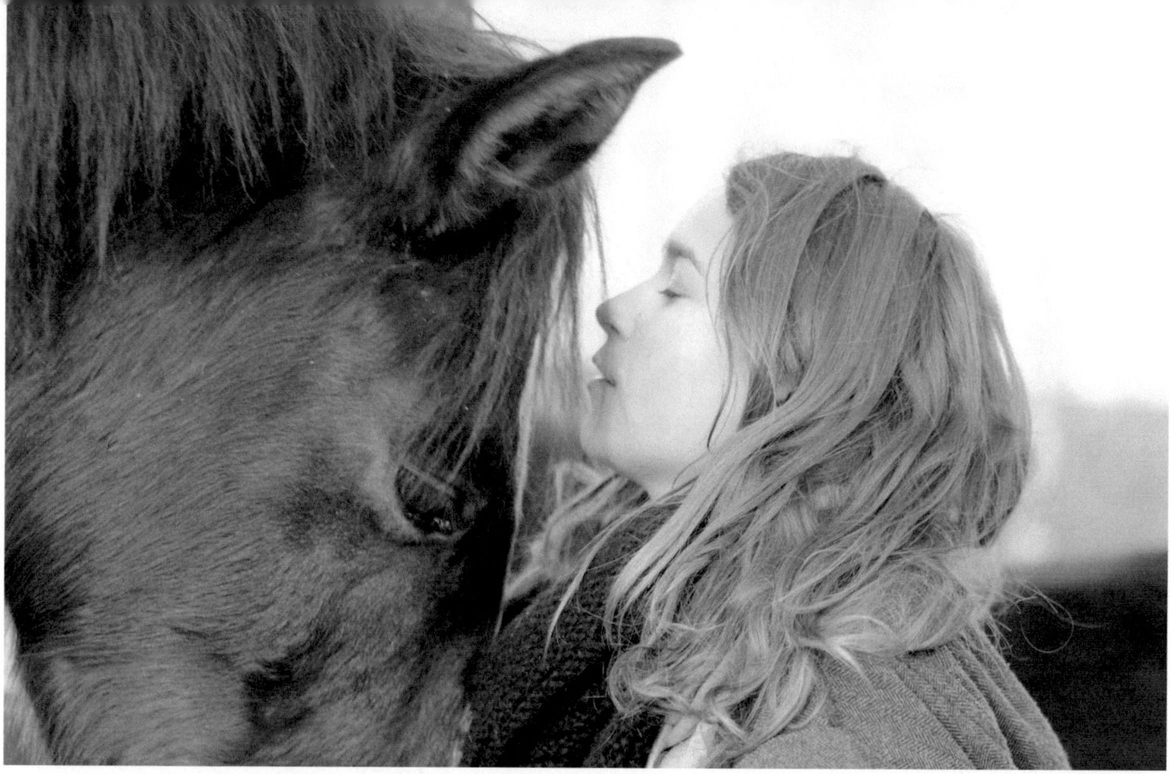

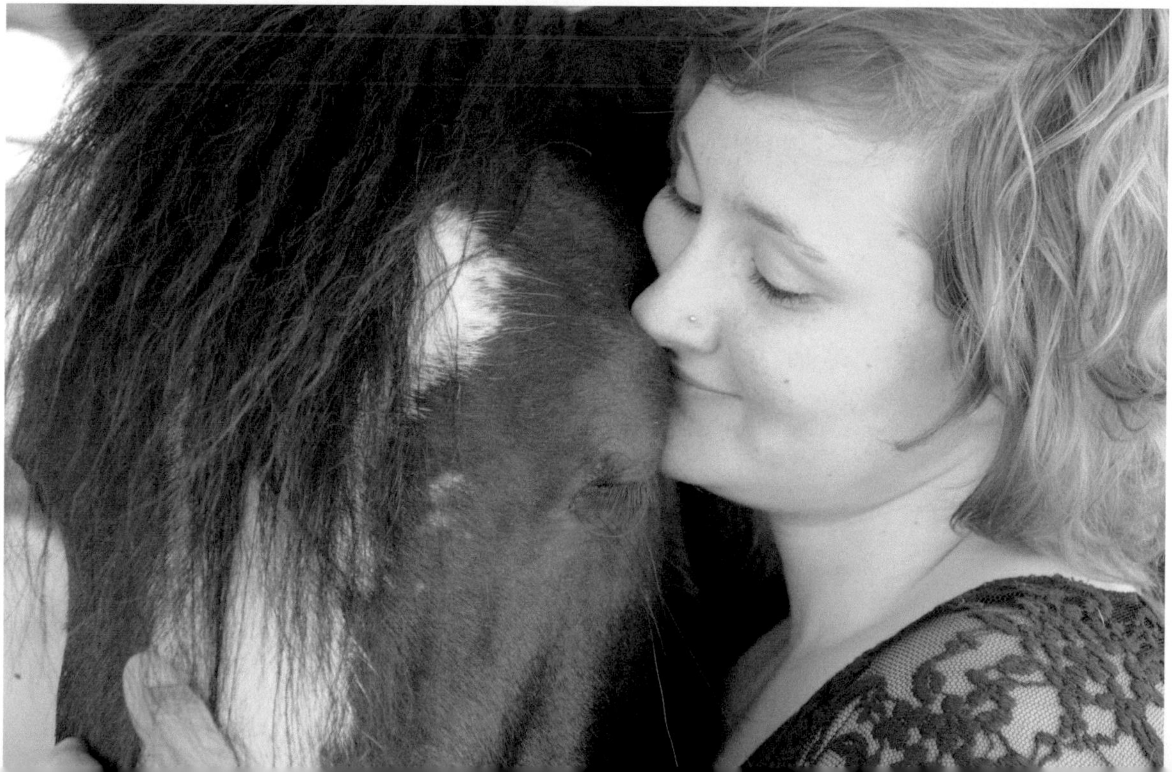

Sanftmut offenbart sich...

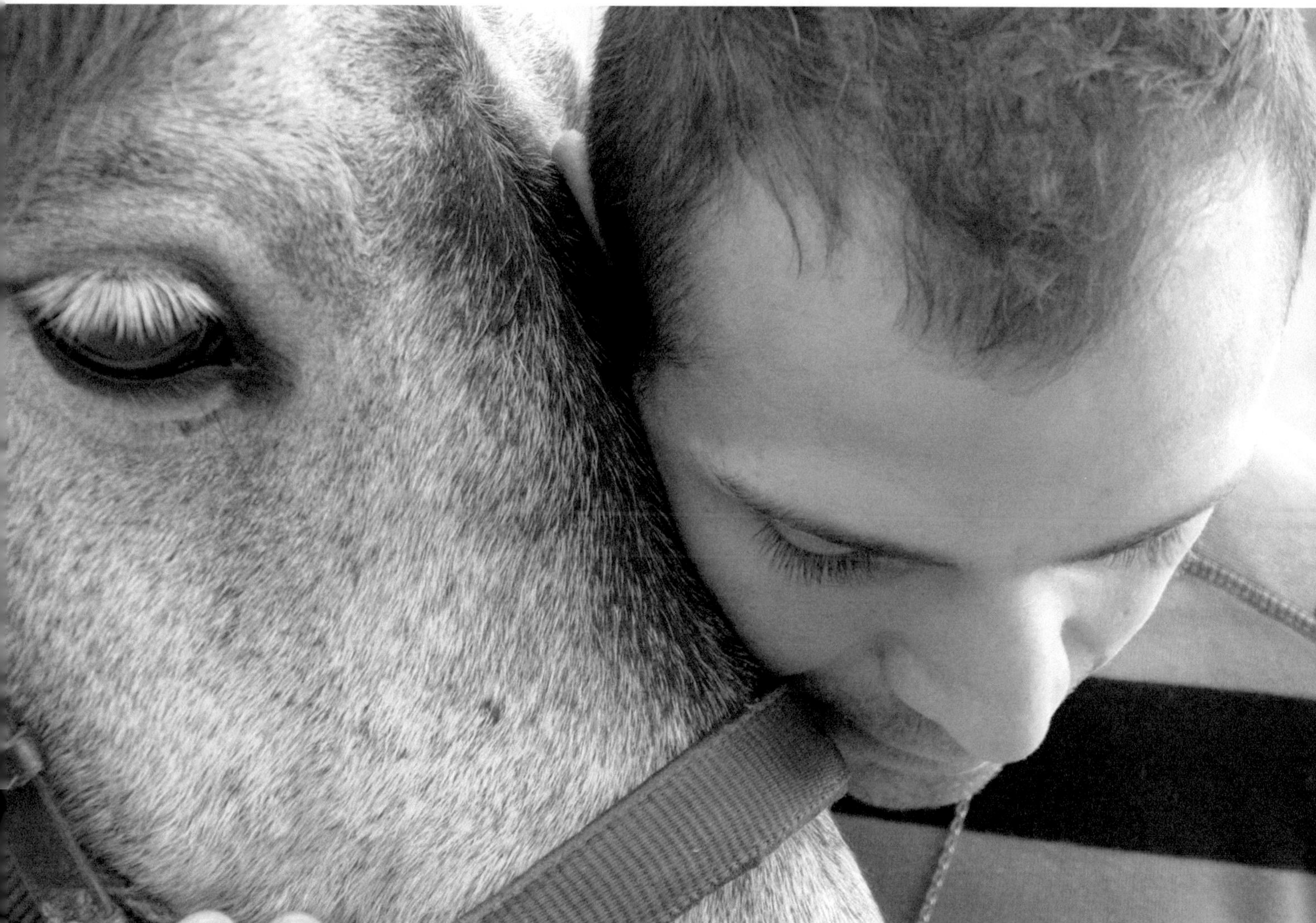

wenn wir uns nicht mehr über unsere Stärke
definieren müssen.

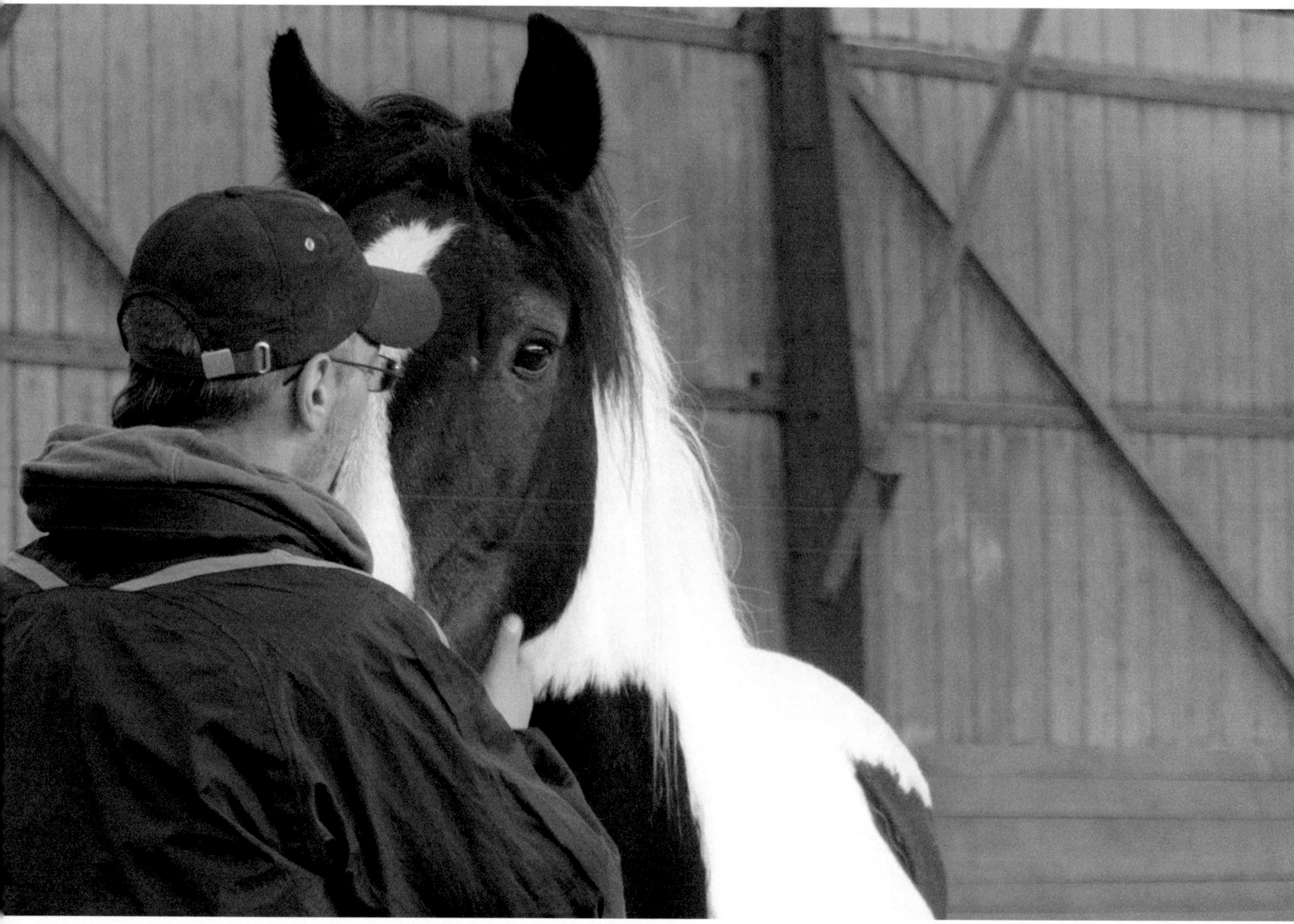

Wir gestehen uns zu, zu träumen...

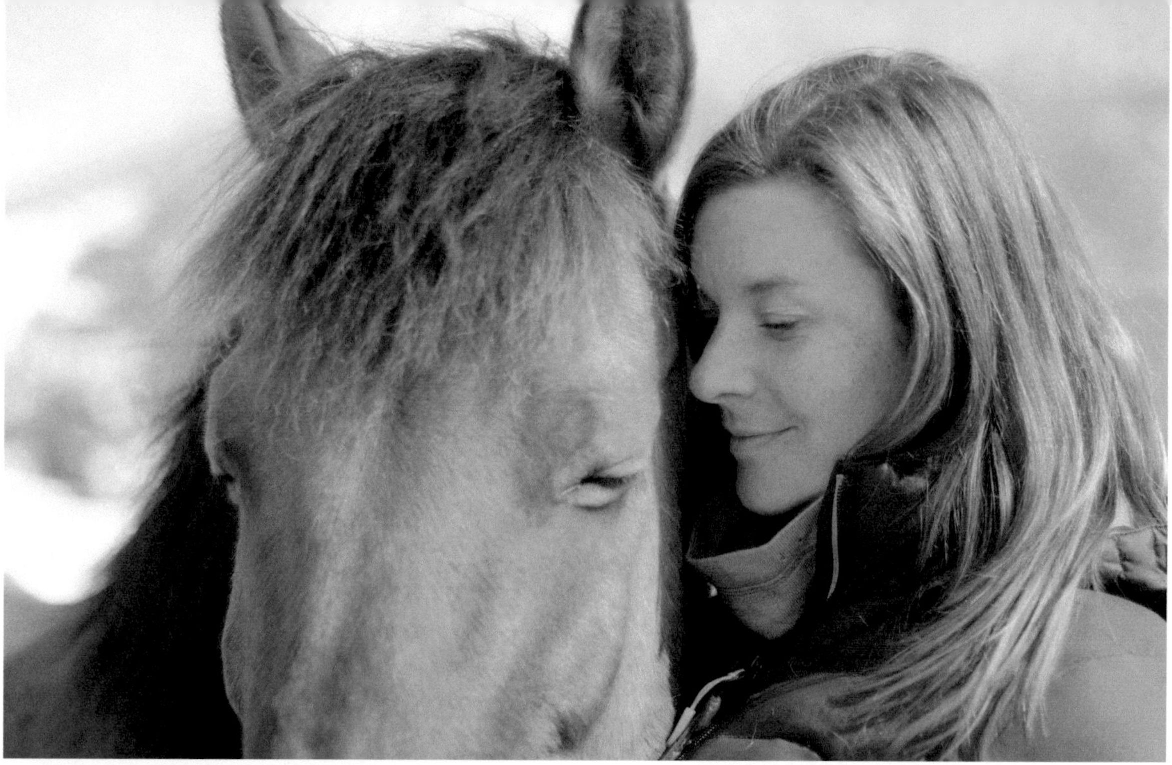

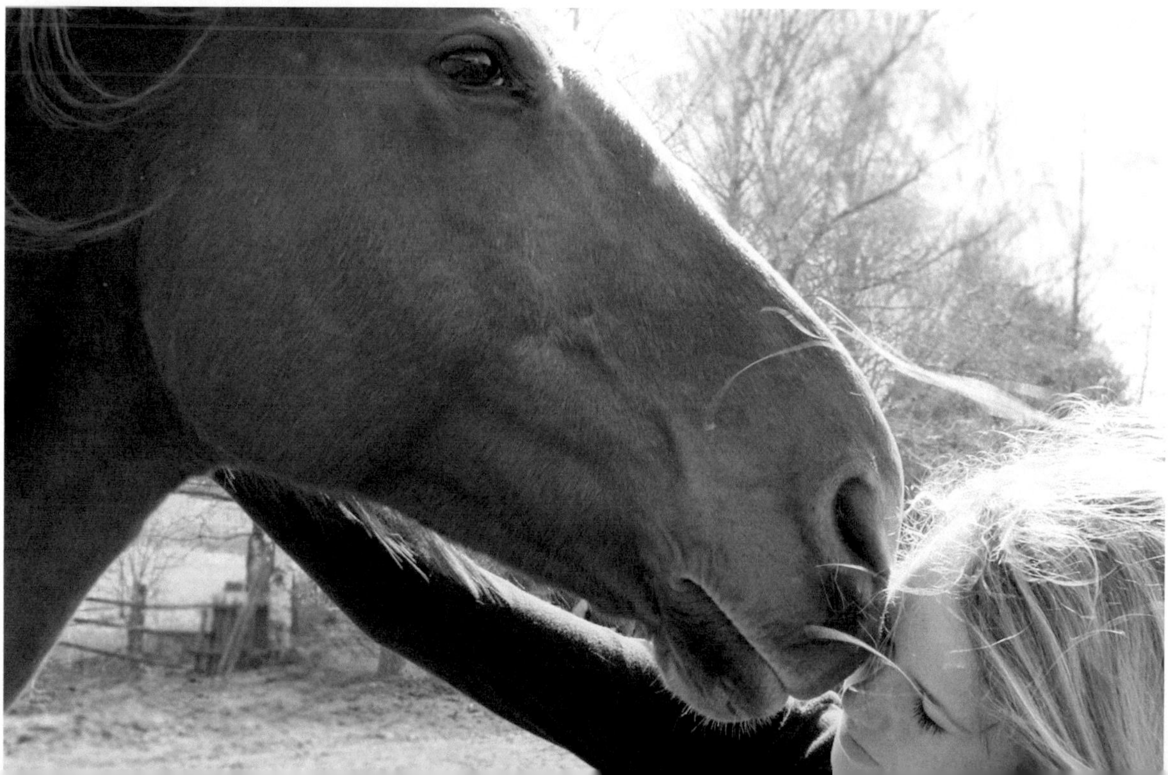

zu versinken...

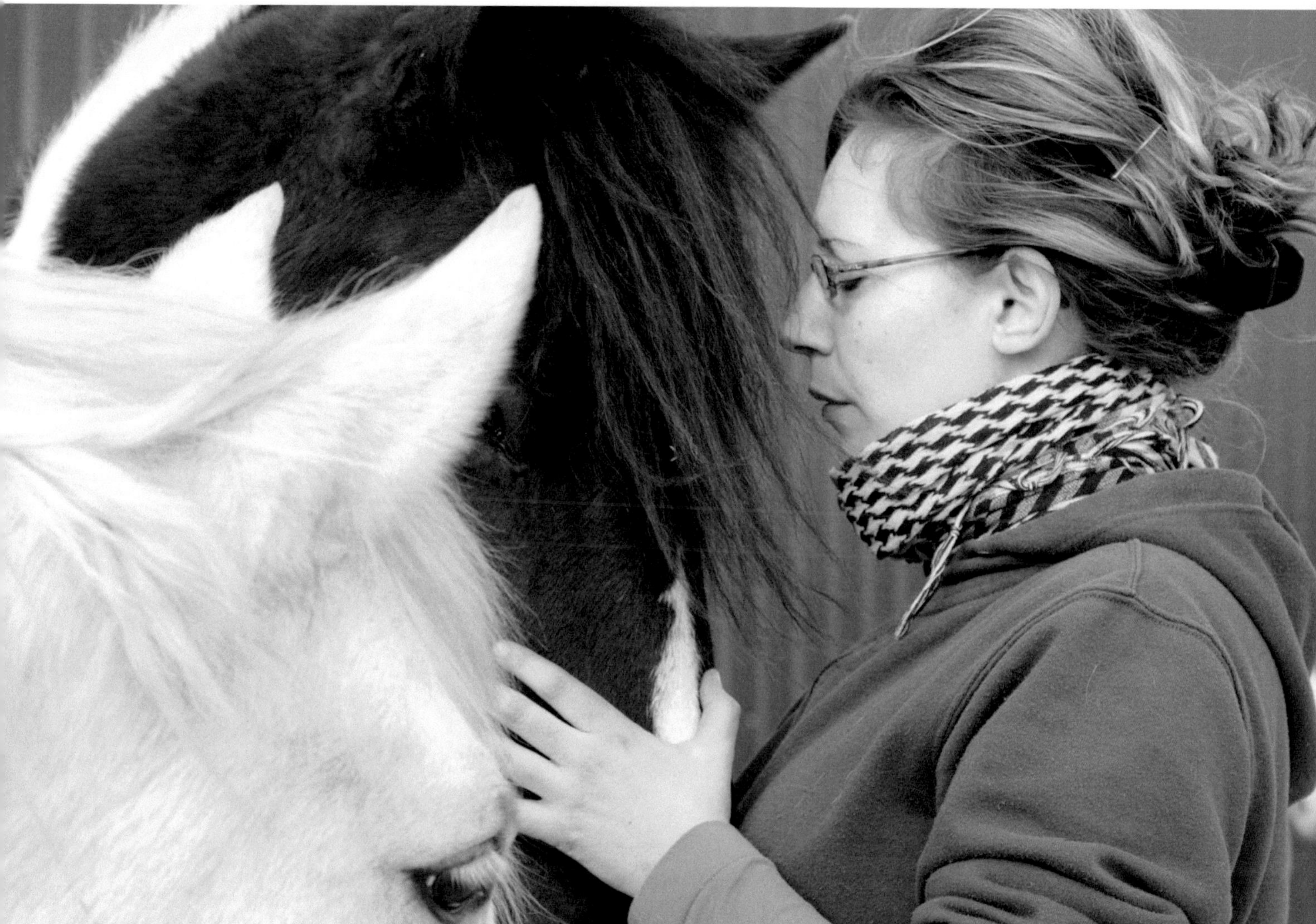

und uns der reinen Freude hinzugeben.

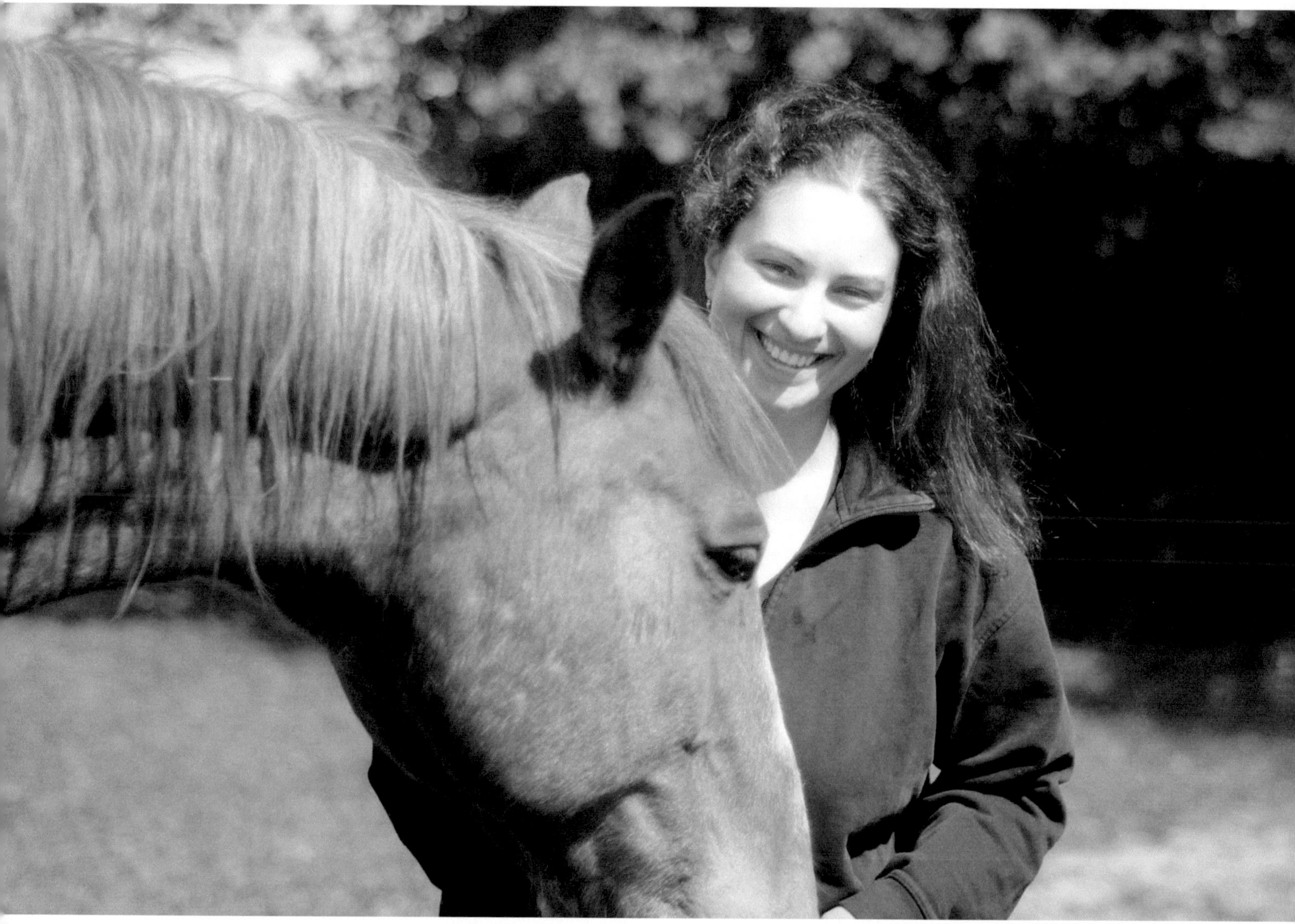

Freude

„Unser Wegweiser ist die Freude (...).
Freude ist der einzige wahre Maßstab dafür,
dass wir uns auf dem richtigen Weg befinden,
denn Freude ist der Geist (Gott),
der sich in unserem Leben ausdrückt."

Jasmuheen

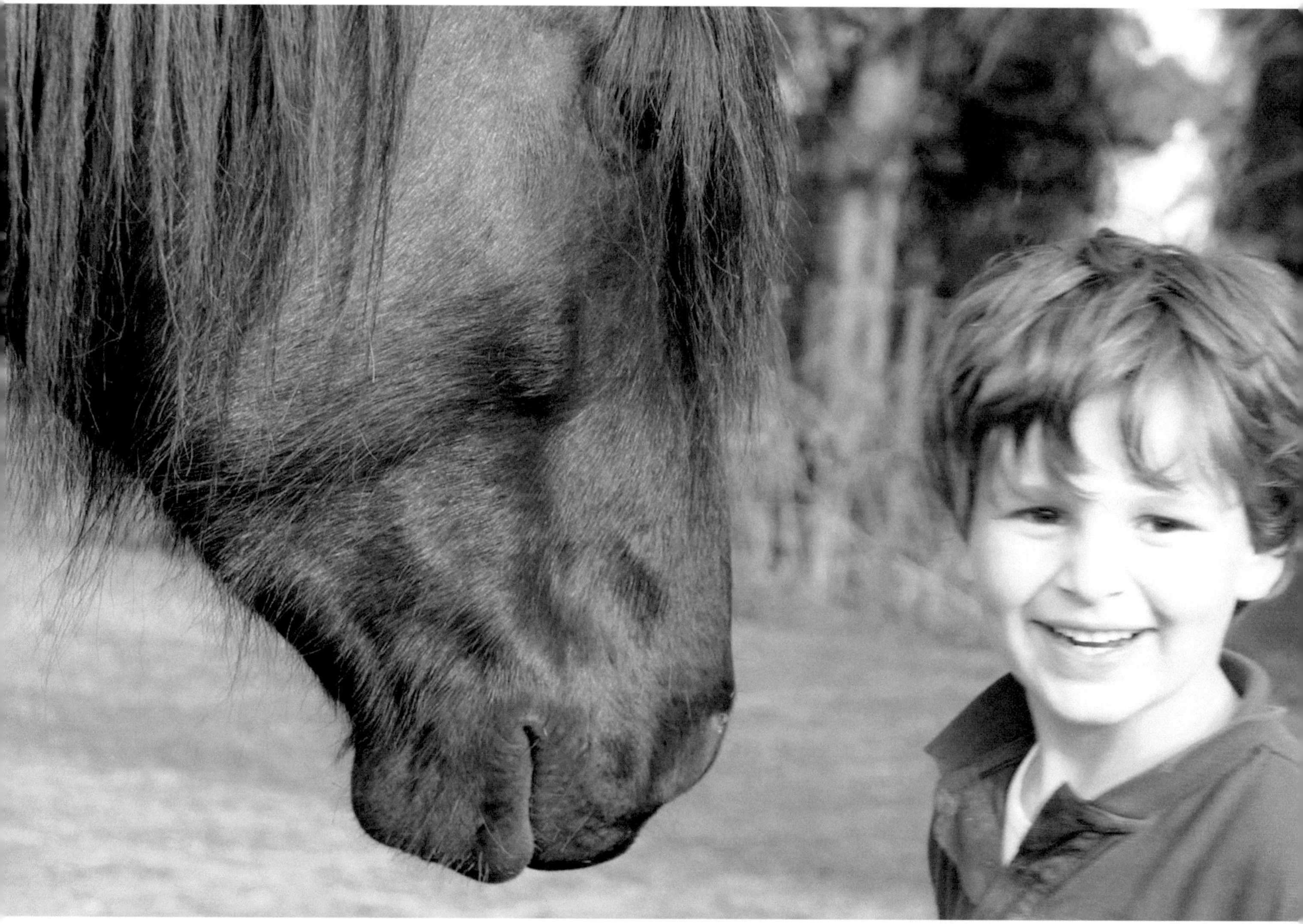

In der Begegnung mit einem Pferd können wir
in der Freude aneinander die Erfahrung machen,
wie sich das Leben anfühlt, wenn wir unbeschwert...

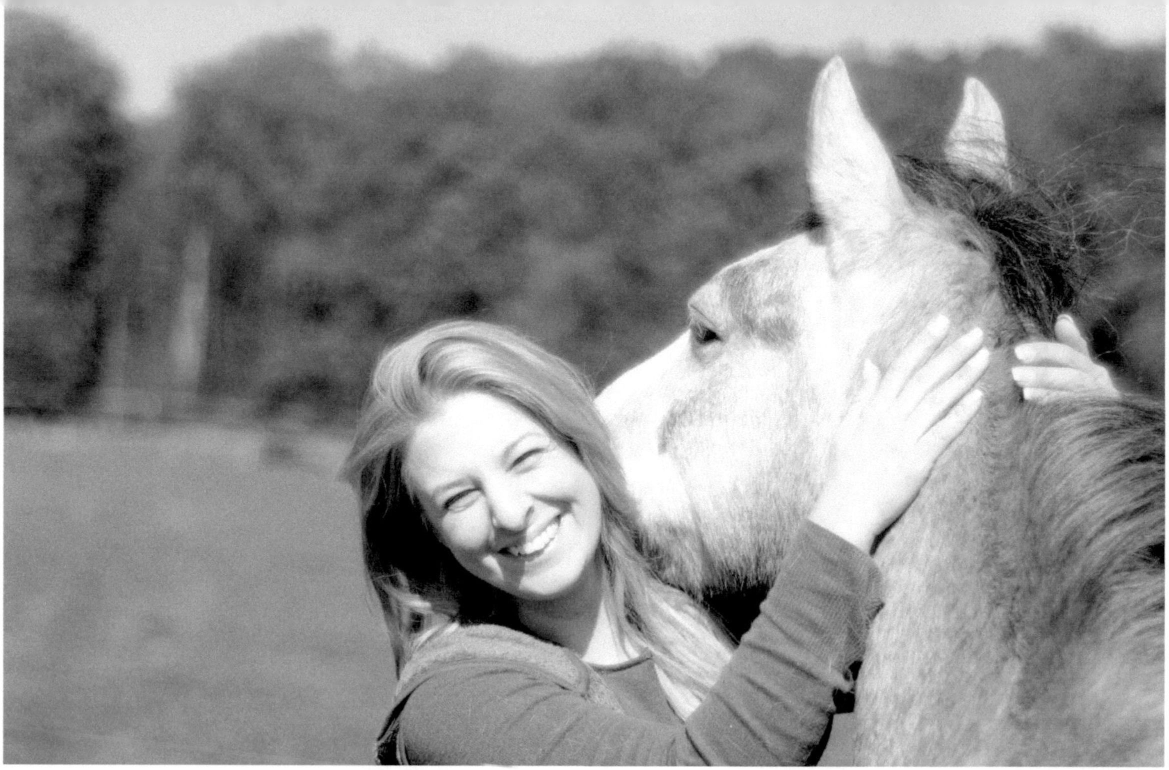

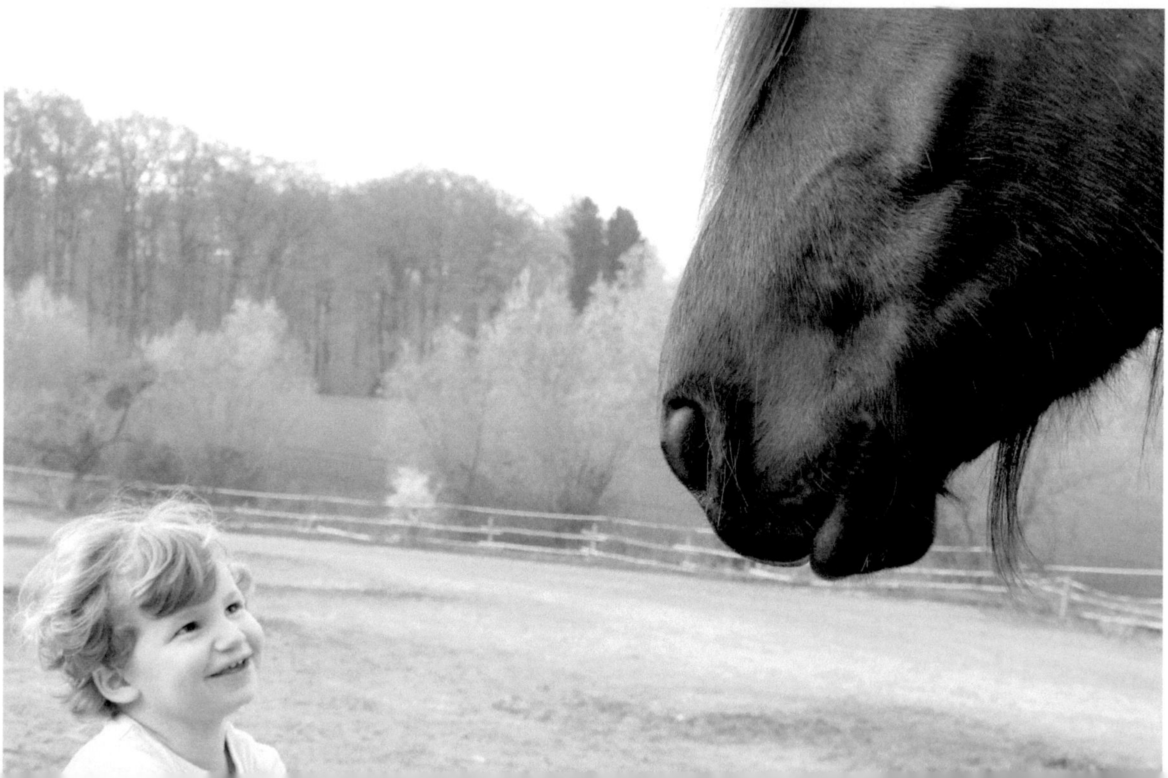

verbunden...

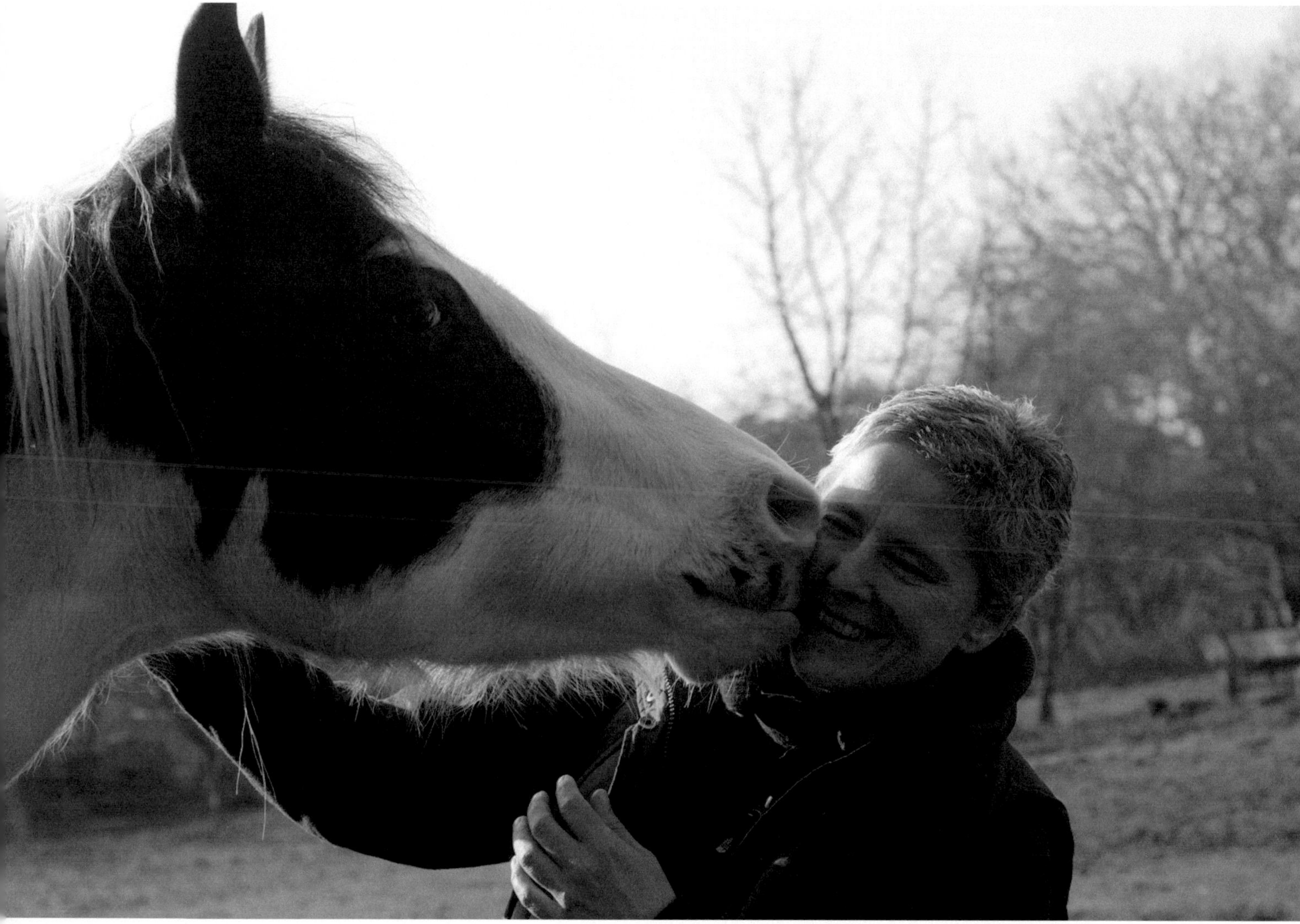

ausgelassen...

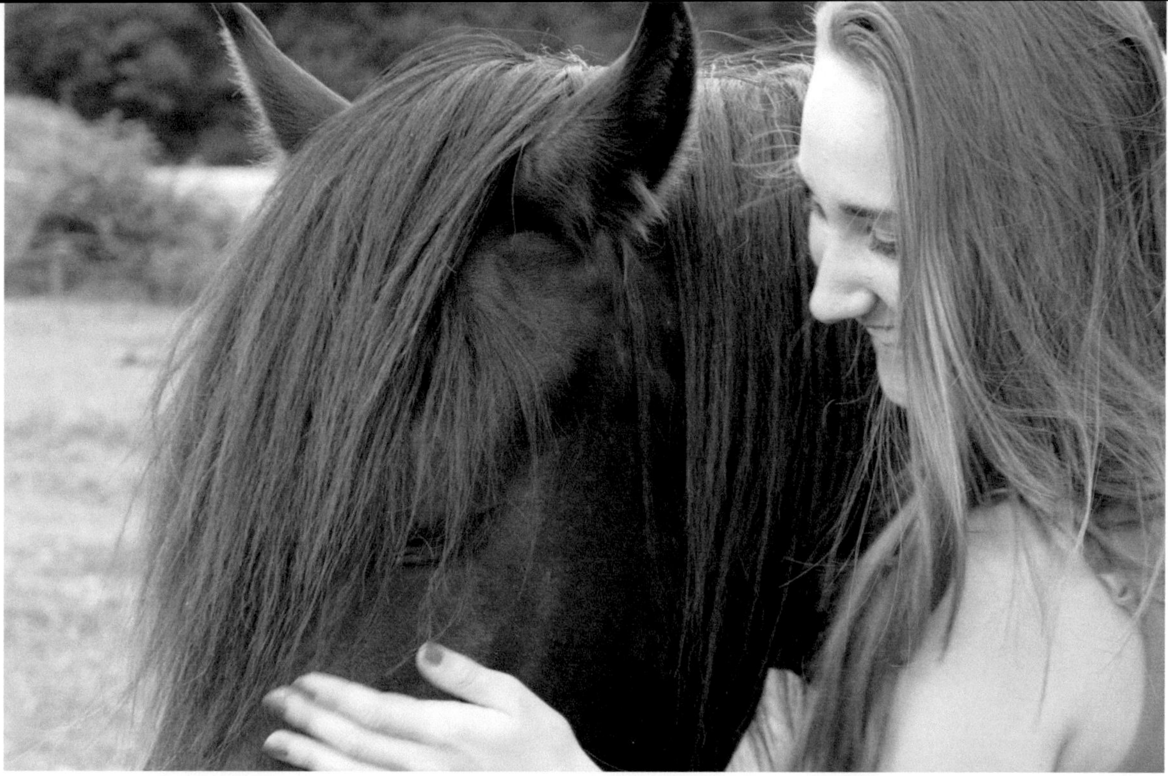

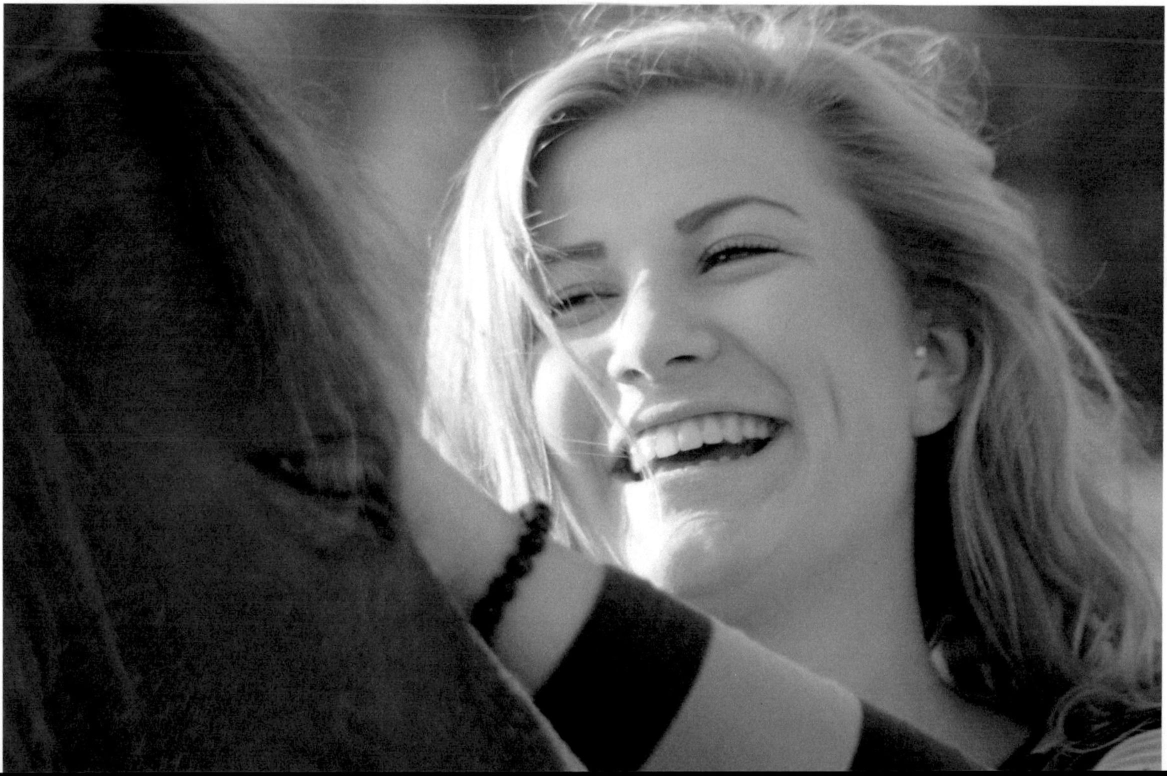

vertraut...

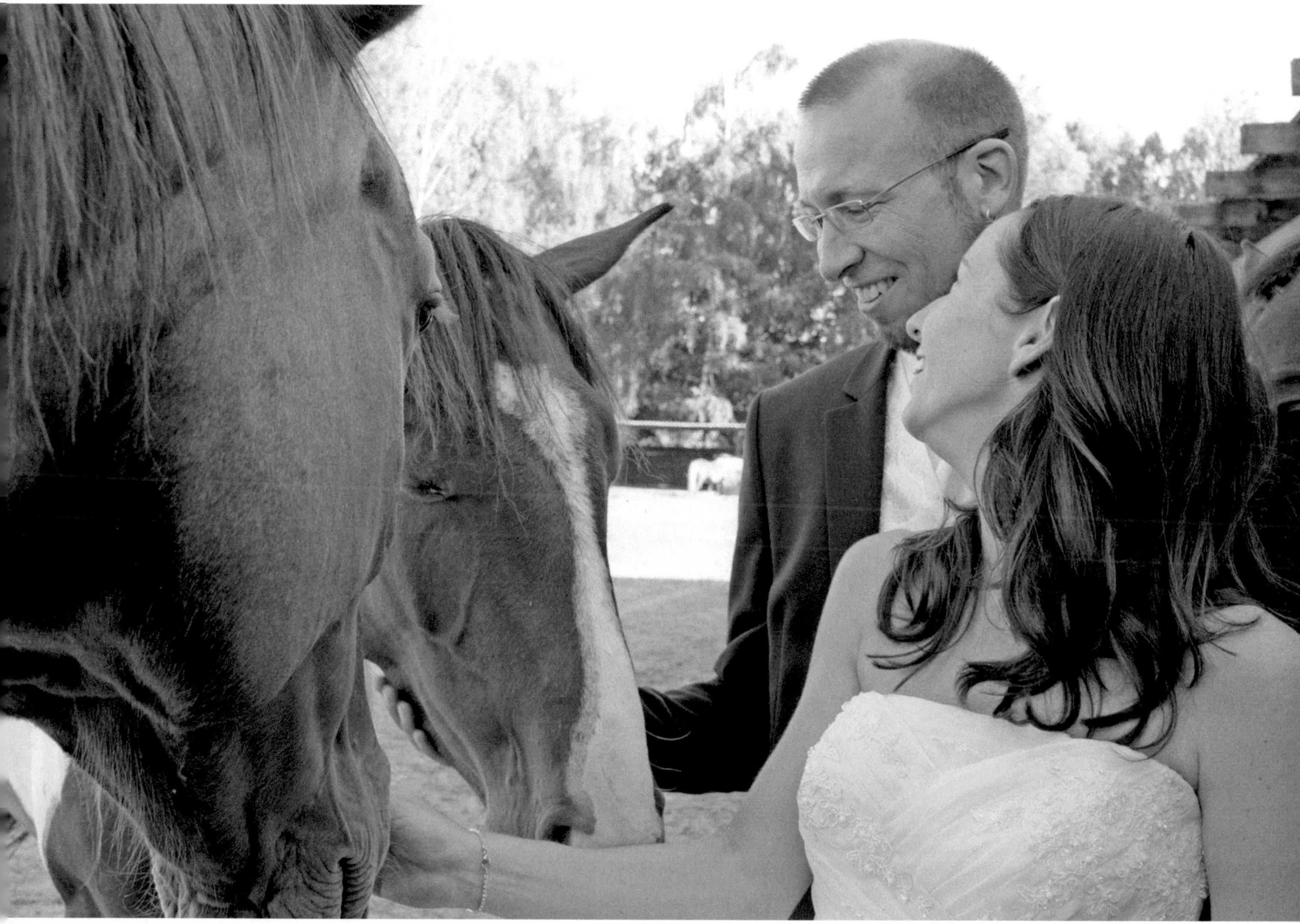

natürlich...

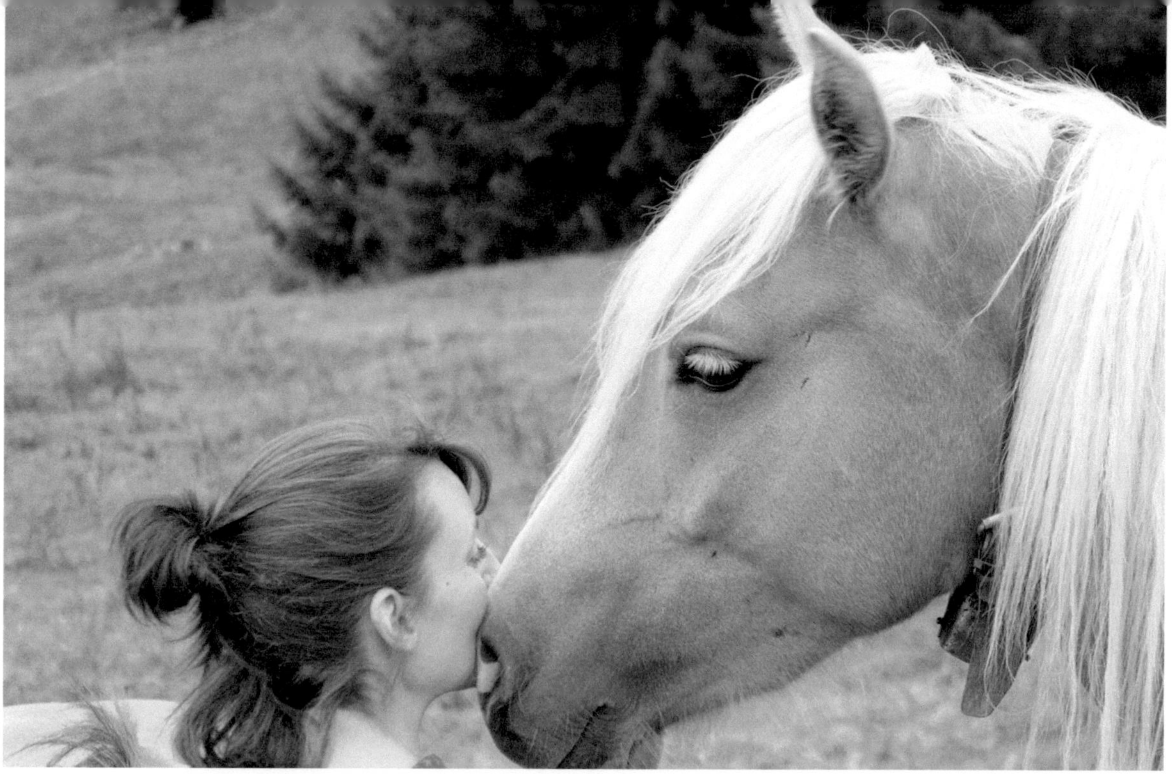

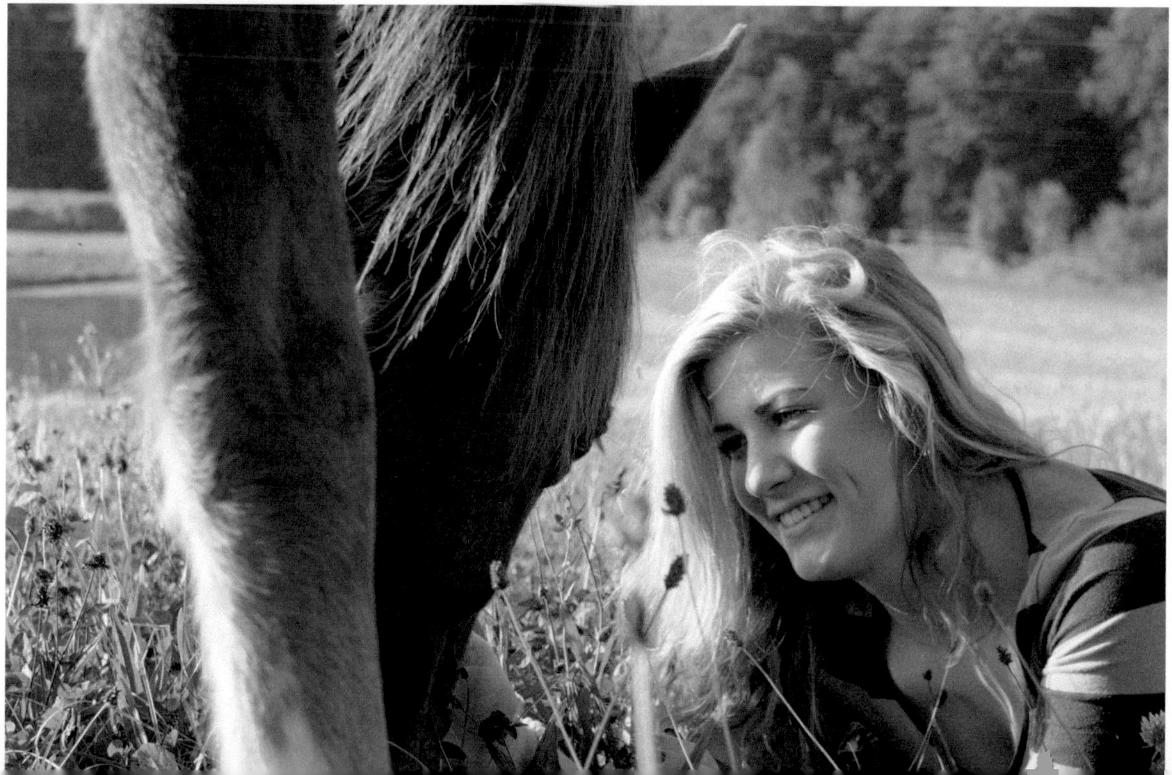

spontan...

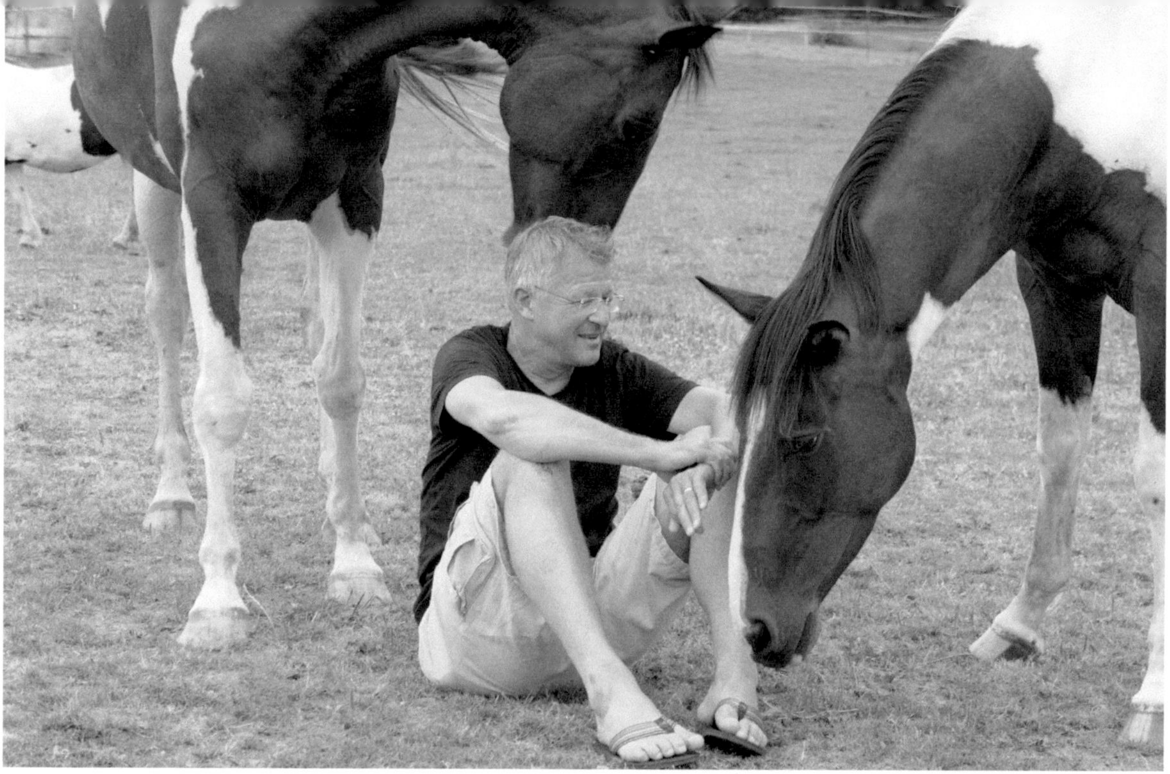

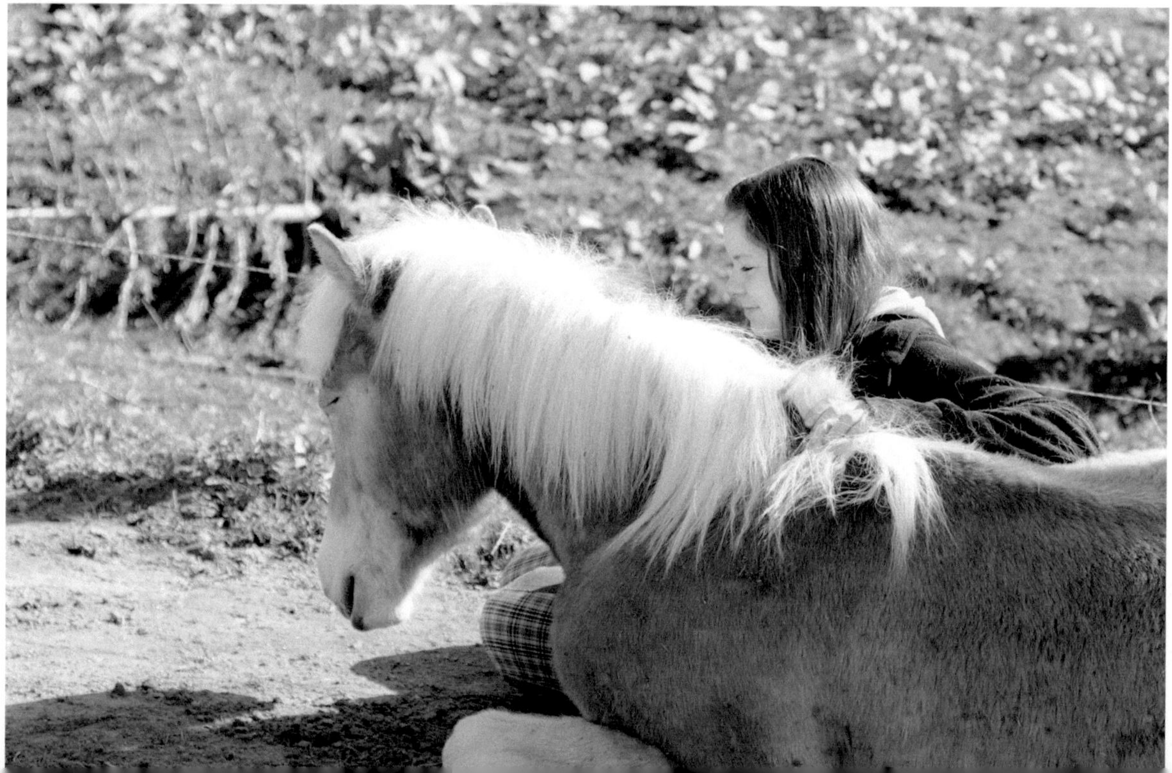

fröhlich...

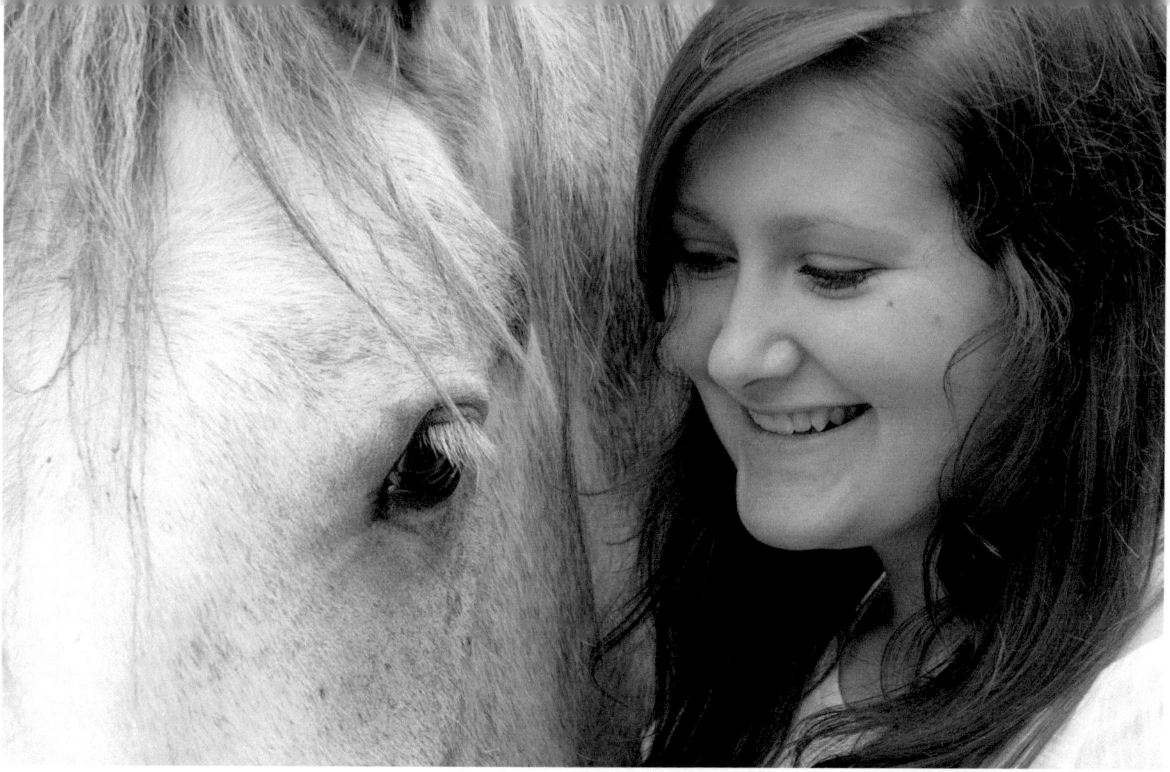

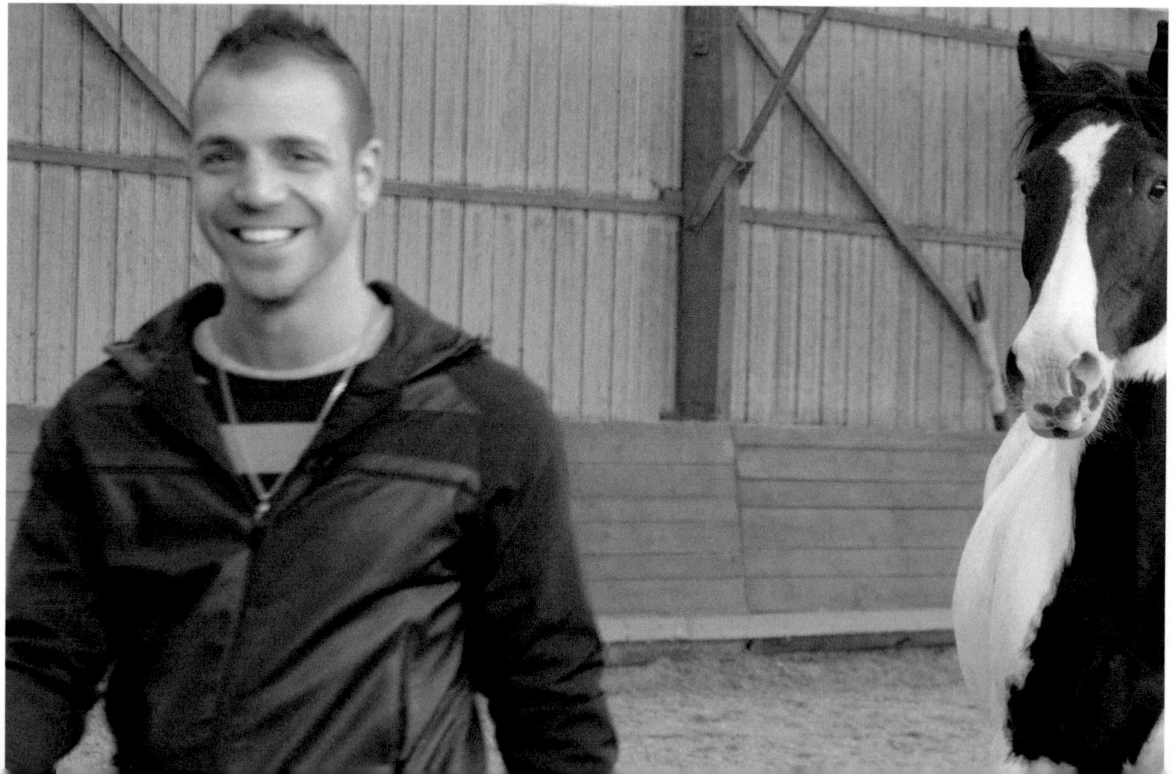

authentisch und entspannt sind.

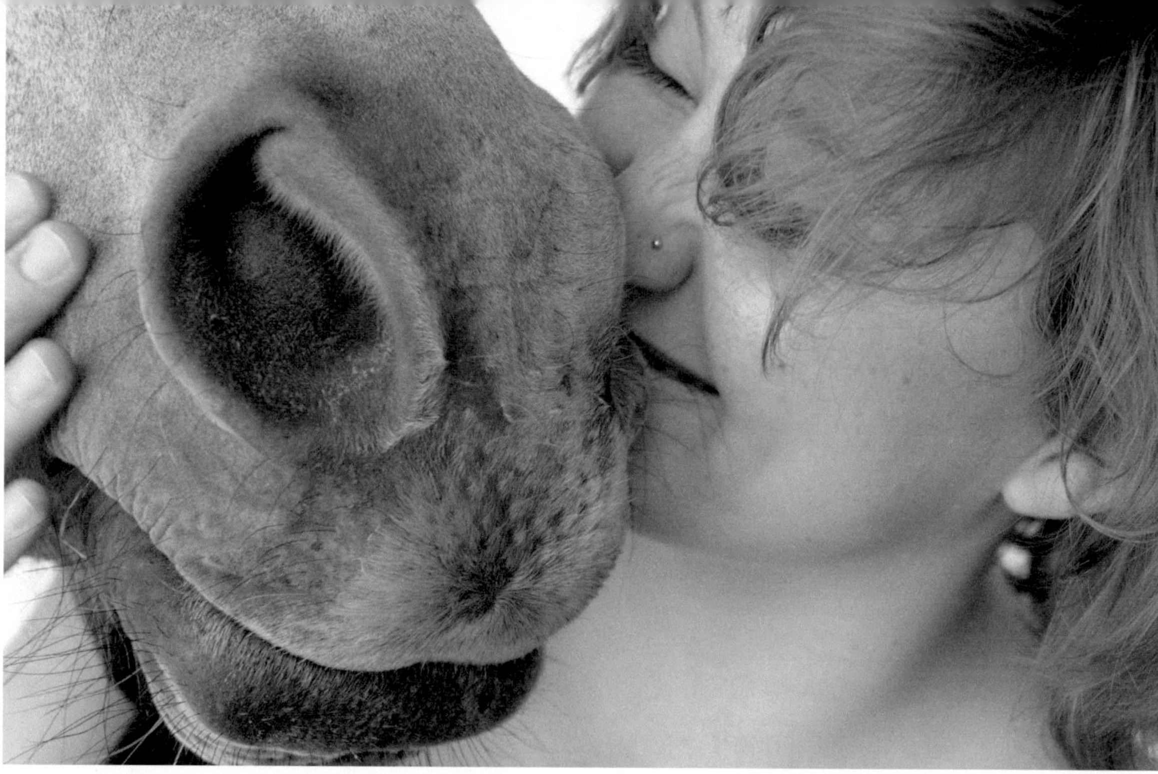

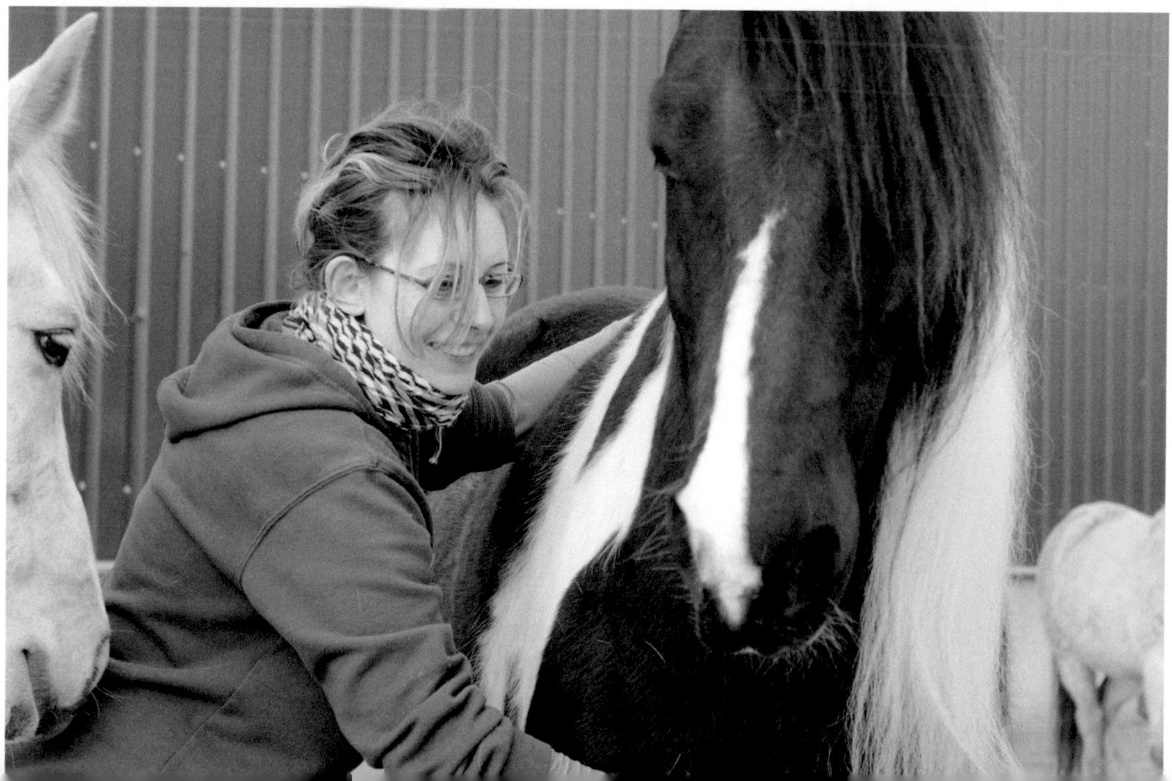

Je leichter es wird und je mehr Ängste schwinden,
desto mehr, können wir der Freude,
dem Lachen und
dem Spaß in unserem Leben Raum geben
und all das auch in anderen erwecken.

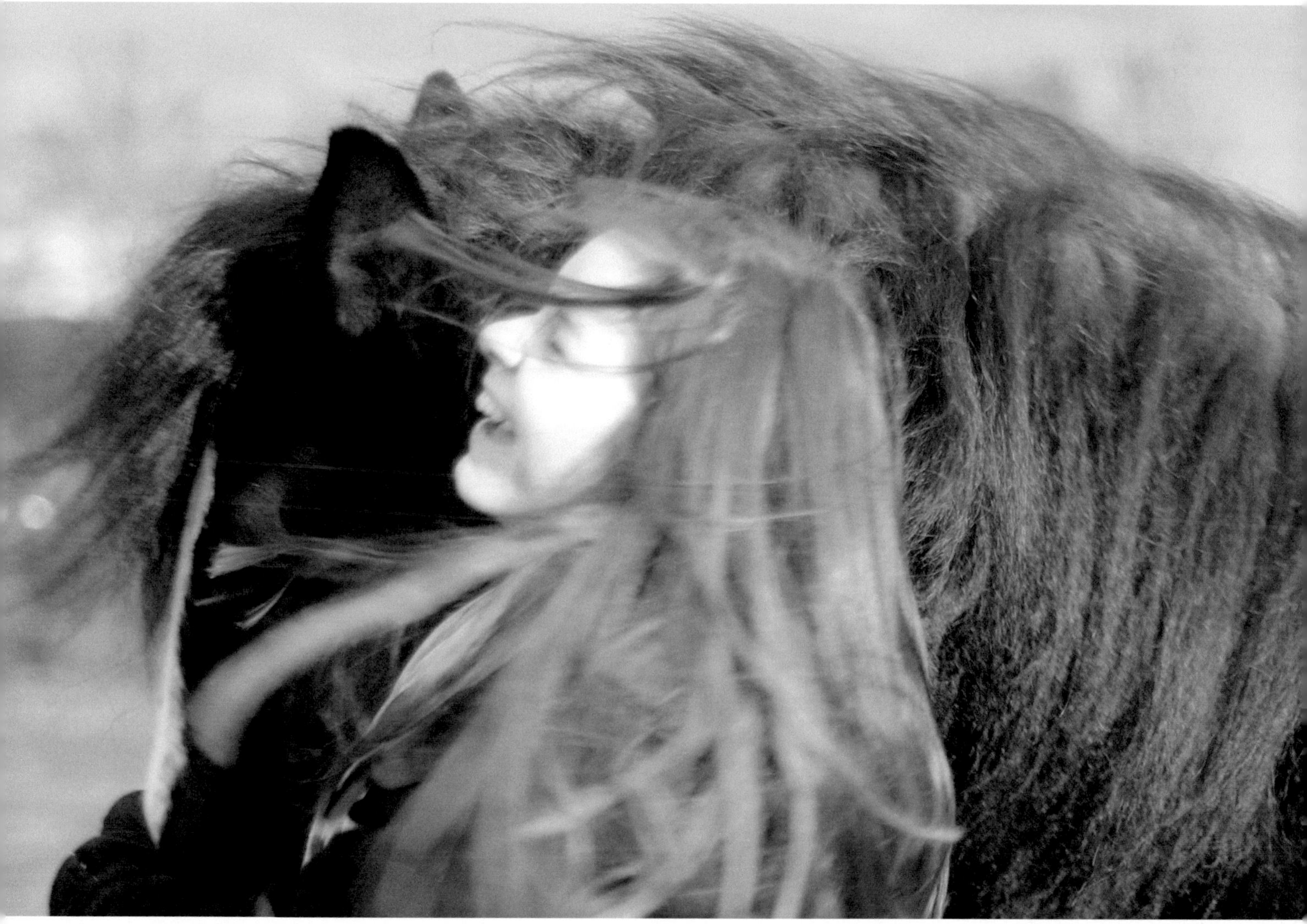

Hingabe

„Menschen dabei behilflich sein,
nicht von Ängsten zerstört zu werden,
ist das größte Geschenk überhaupt."

Thich Nhat Hanh

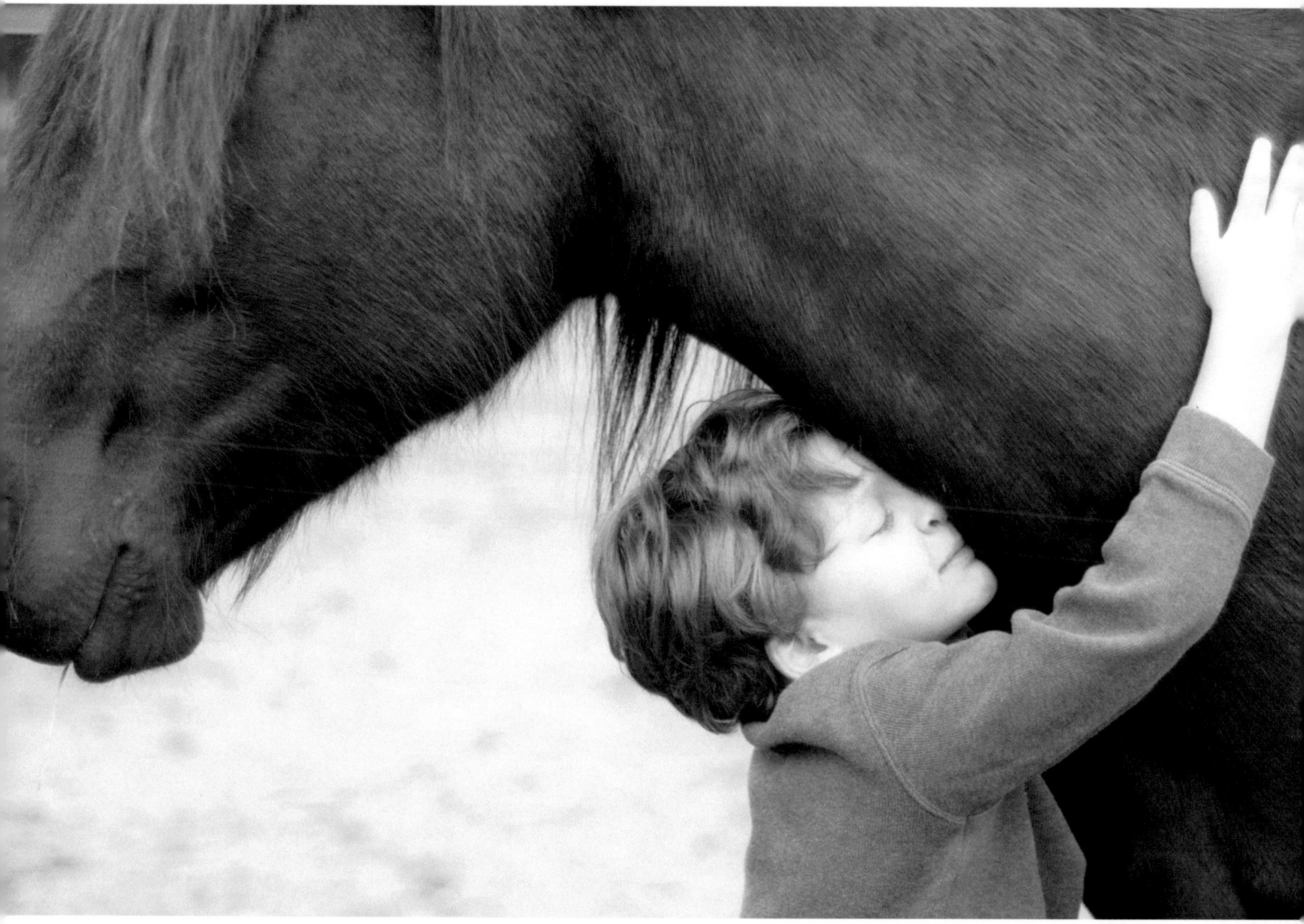

In der Begegnung mit einem Pferd können wir erfahren, wie sich Ängste nach und nach auflösen, wenn wir einander in haltender...

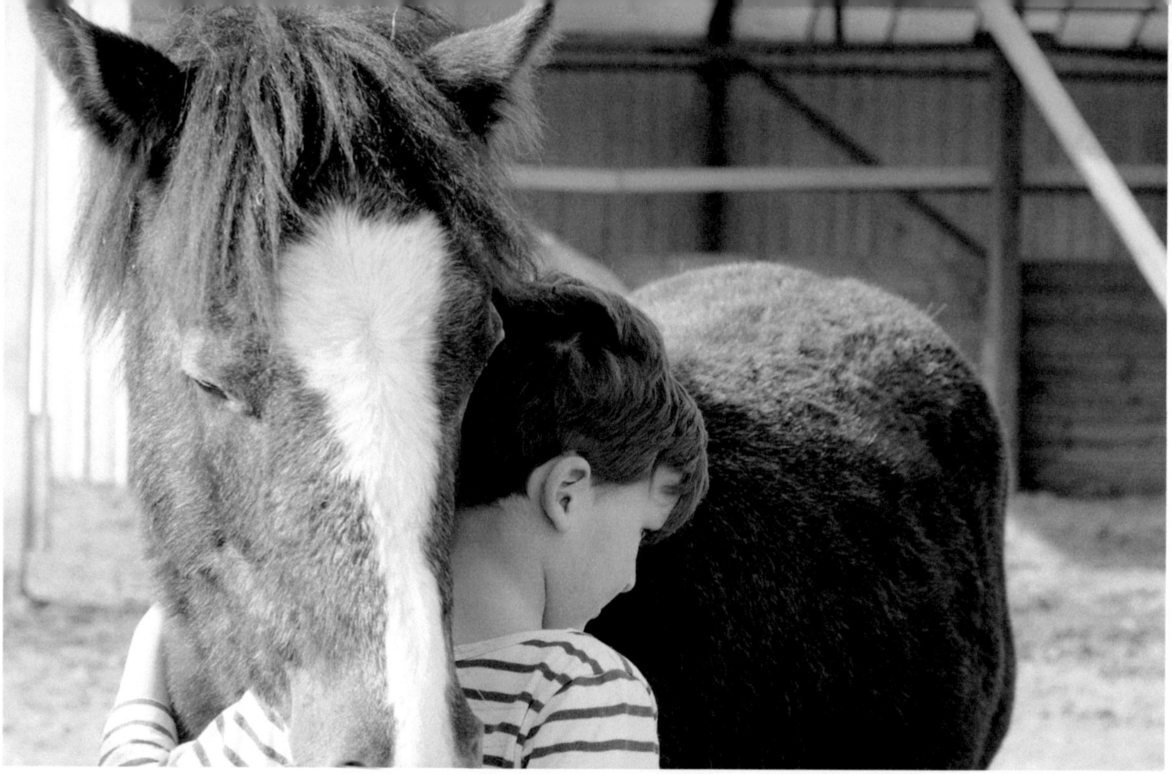

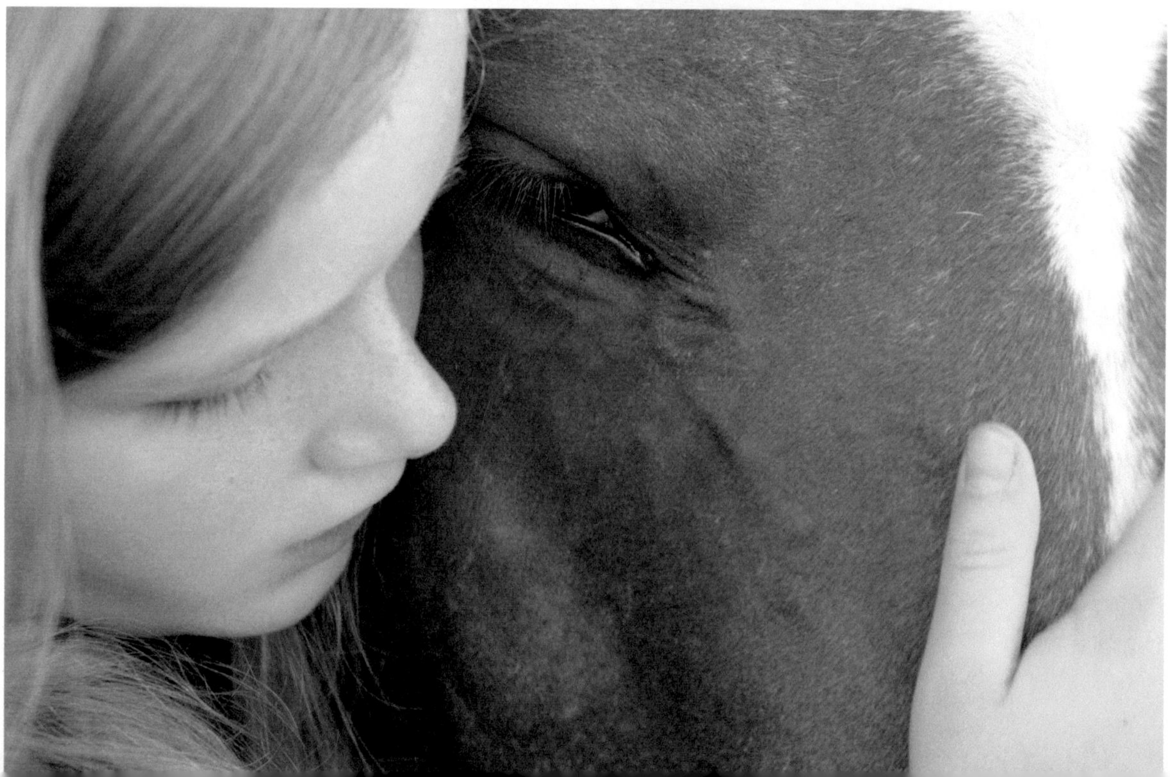

liebender...

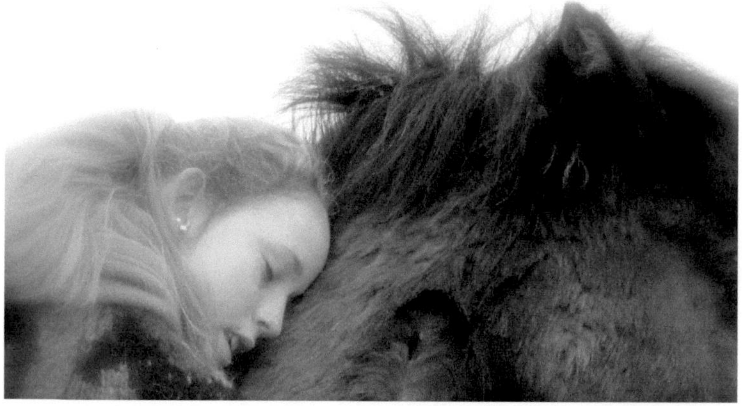
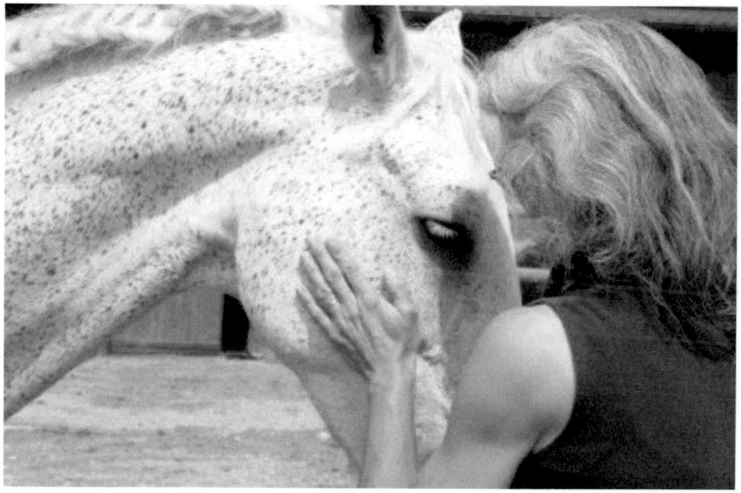
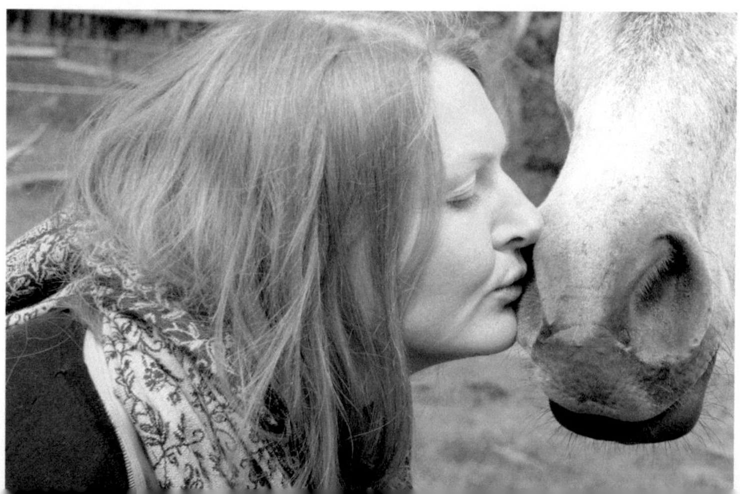

verstehender...

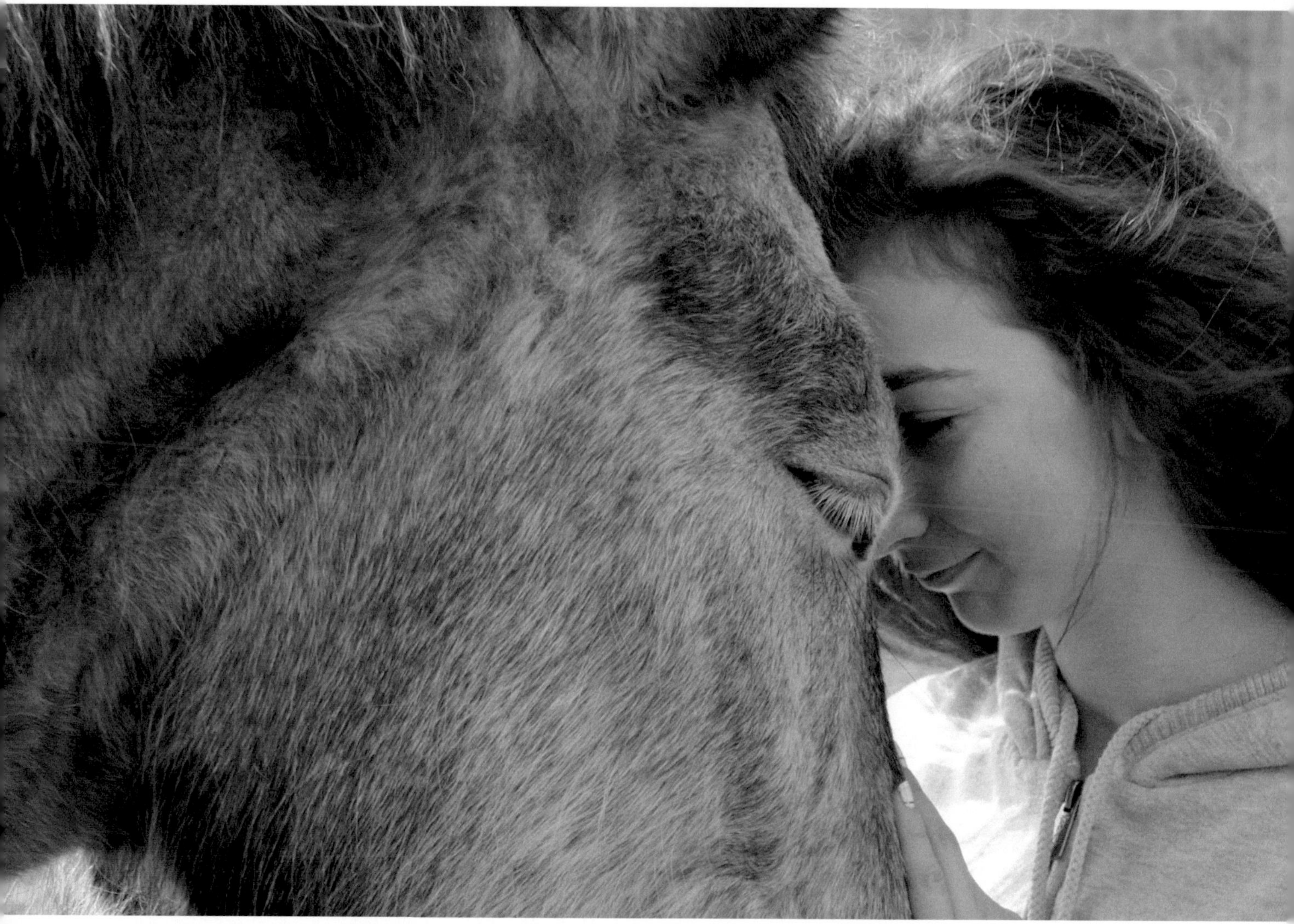

zärtlicher...

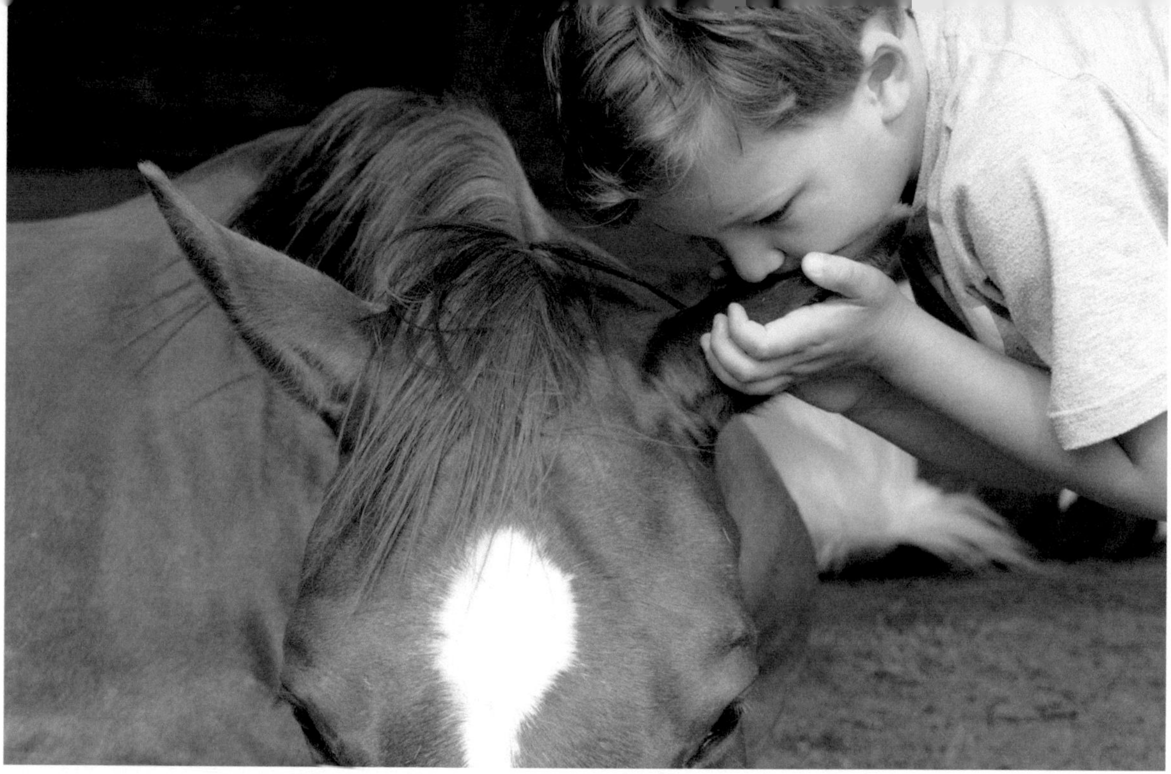

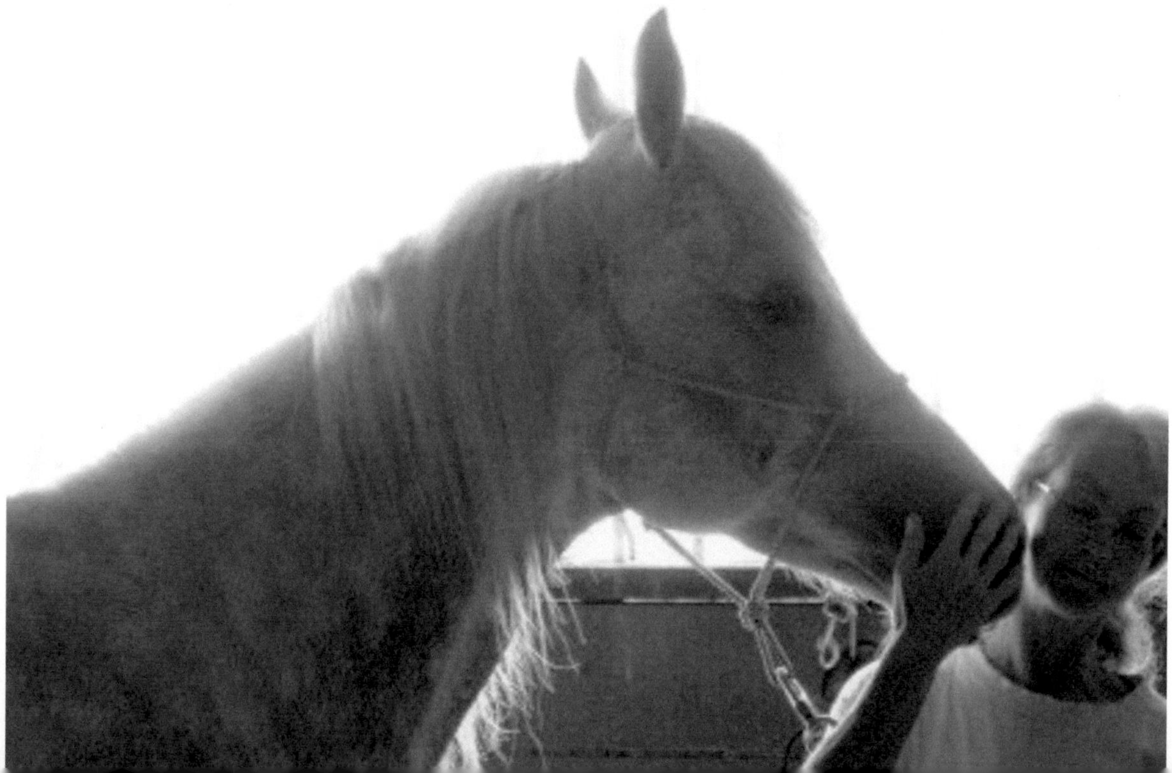

mitfühlender...

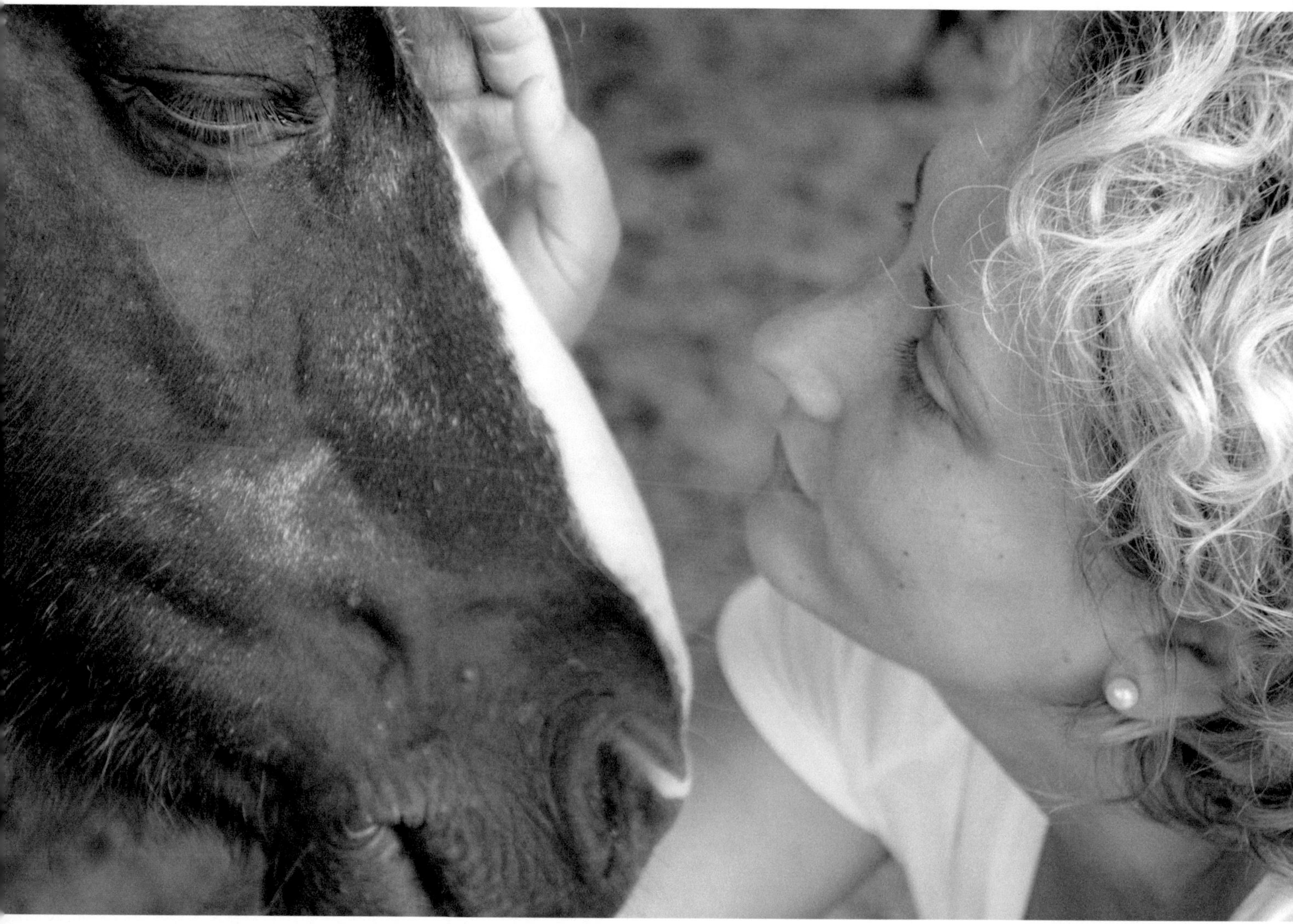

und vertrauter Weise begleiten.

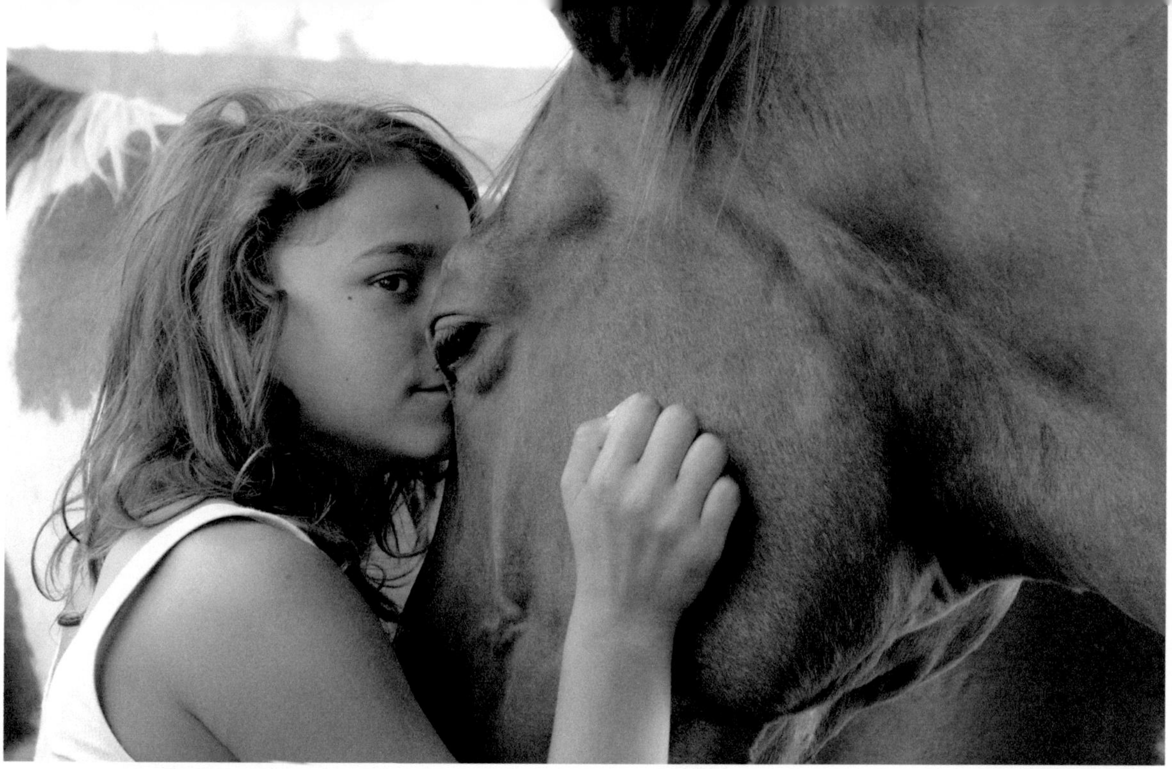

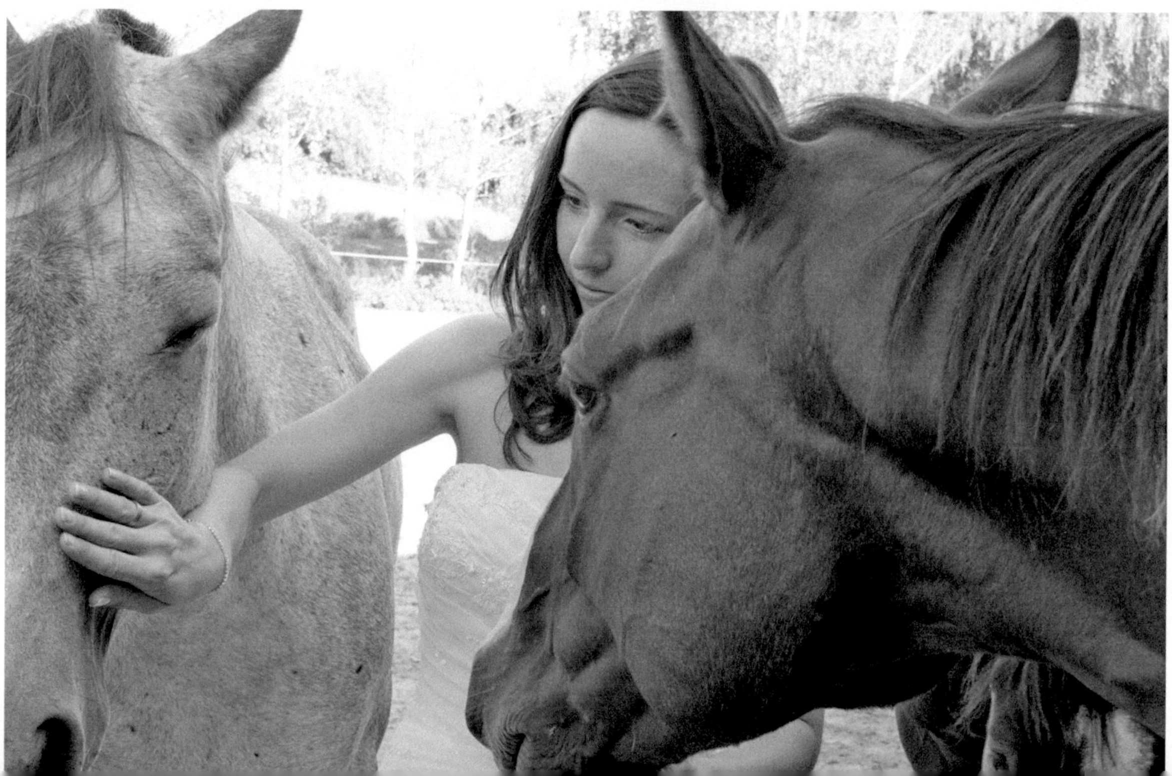

Jeder einzelne Moment mit einem Pferd gibt uns die Chance uns selbstlos hinzugeben und die Bedürfnisse unseres Egos von uns abfallen zu lassen.

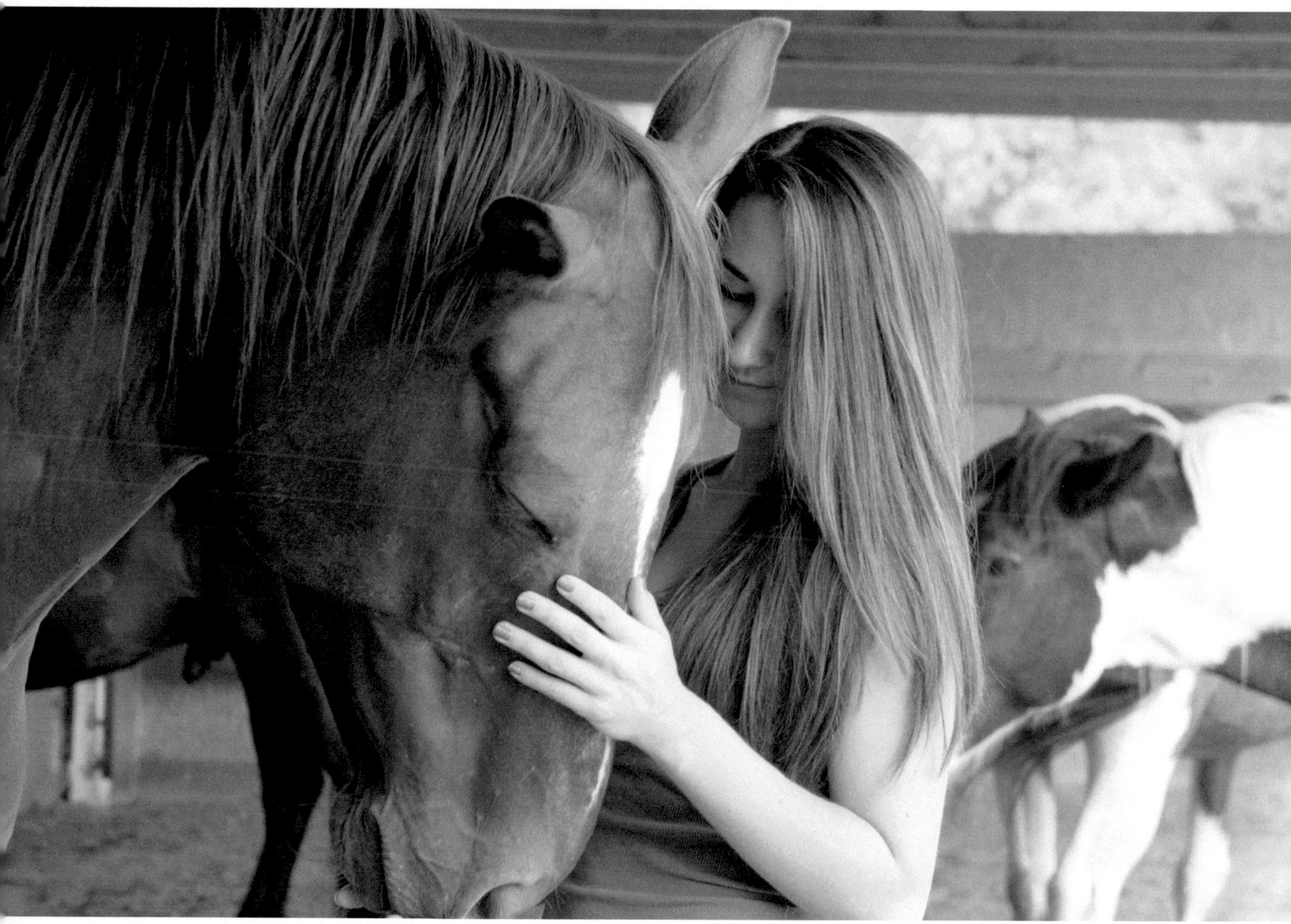

Leben

„Die Welt, Freund Govinda, ist nicht unvollkommen,
oder auf einem langsamen Weg zur Vollkommenheit
begriffen: nein, sie ist in jedem Augenblick vollkommen,
alle Sünde trägt schon die Gnade in sich,
alle kleinen Kinder haben schon den Greis in sich,
alle Säuglinge den Tod, alle Sterbenden das
ewige Leben."

Hermann Hesse

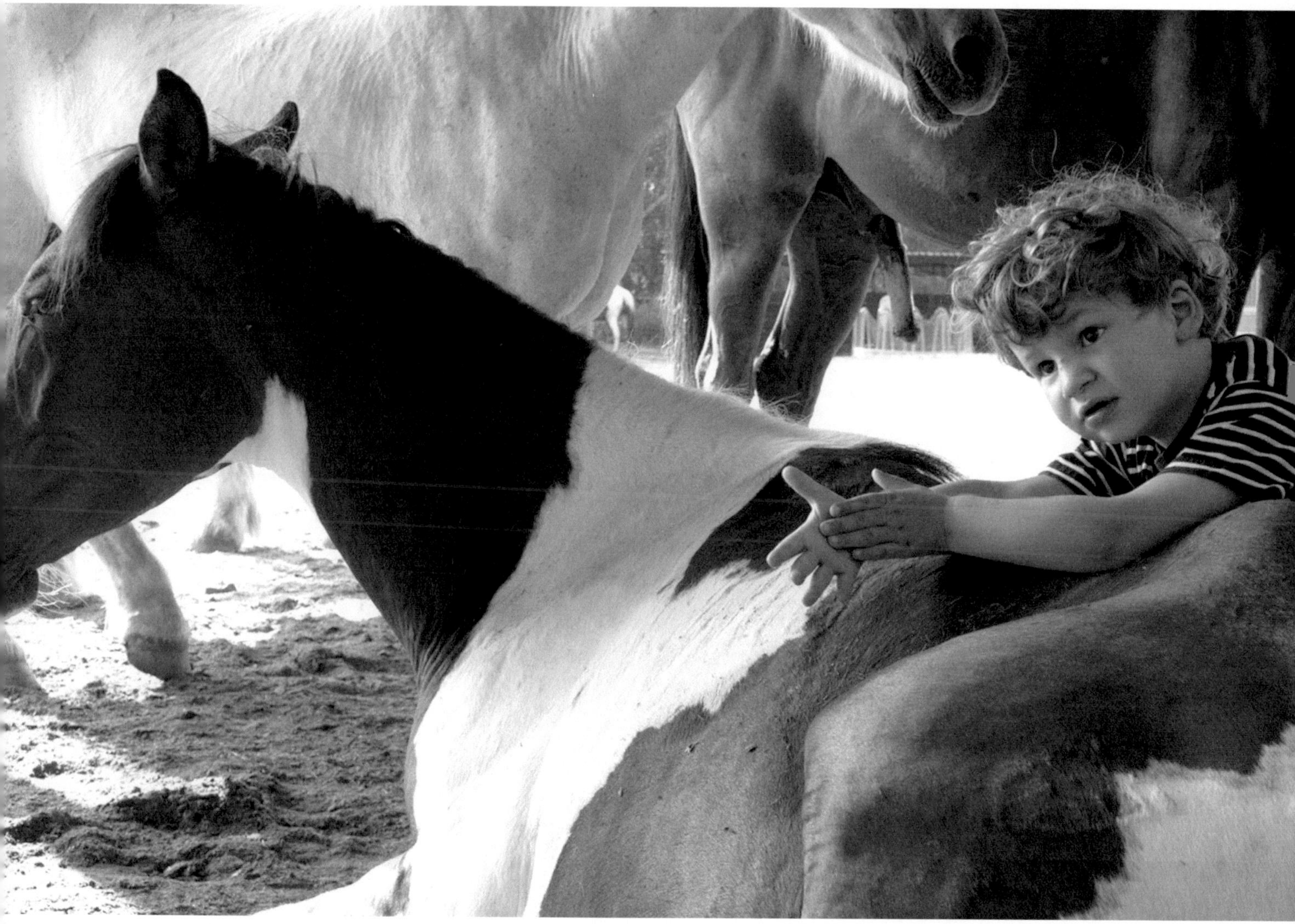

In der Begegnung mit einem Pferd haben wir in jedem Moment die Chance das Leben völlig zu genießen...

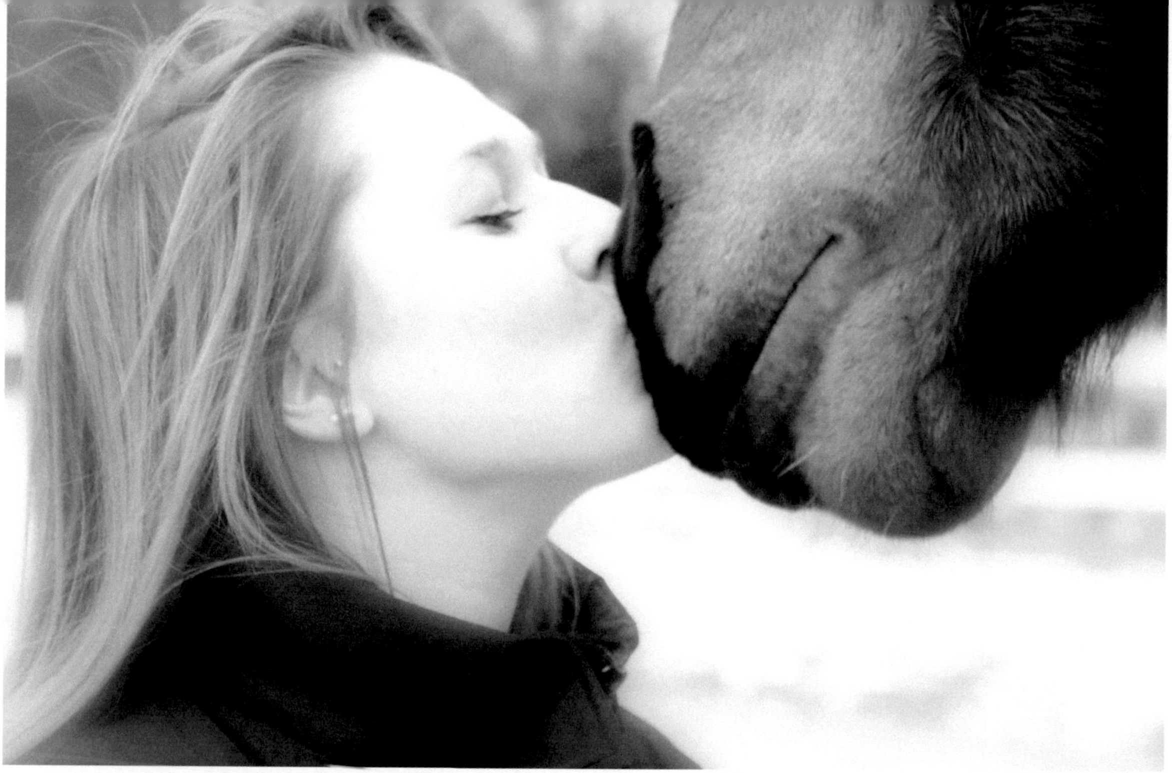

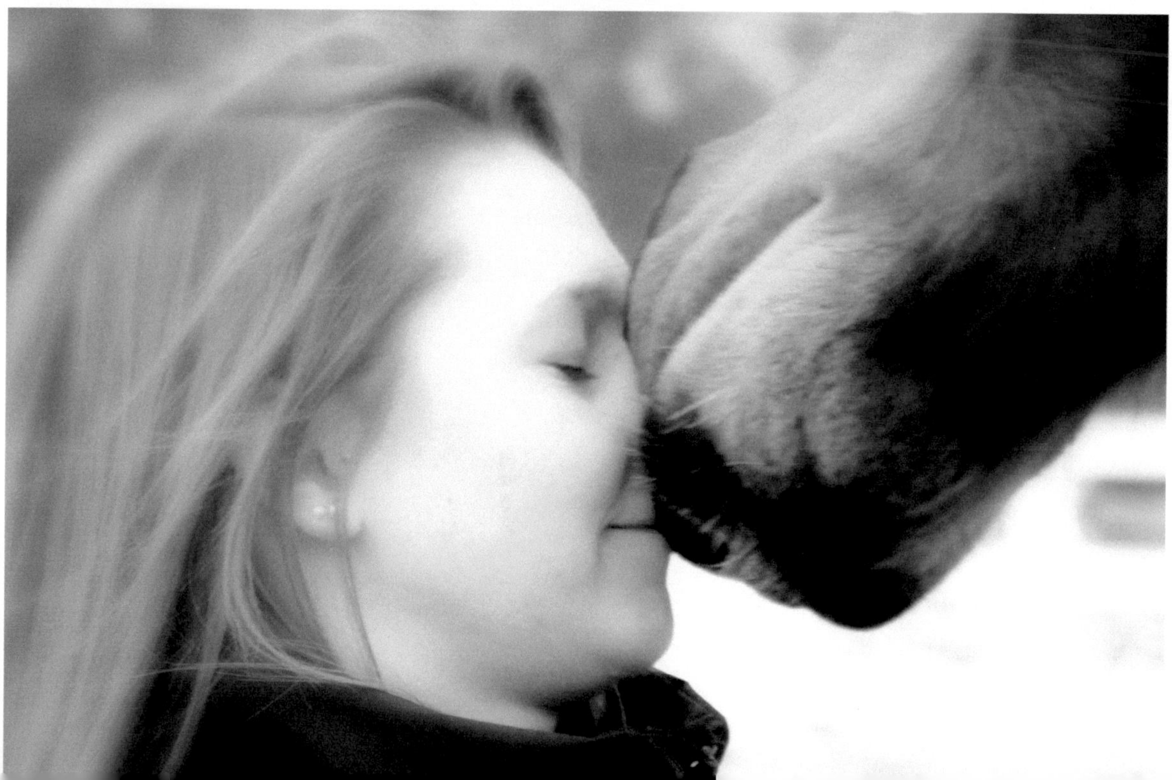

Wunder zu bestaunen...

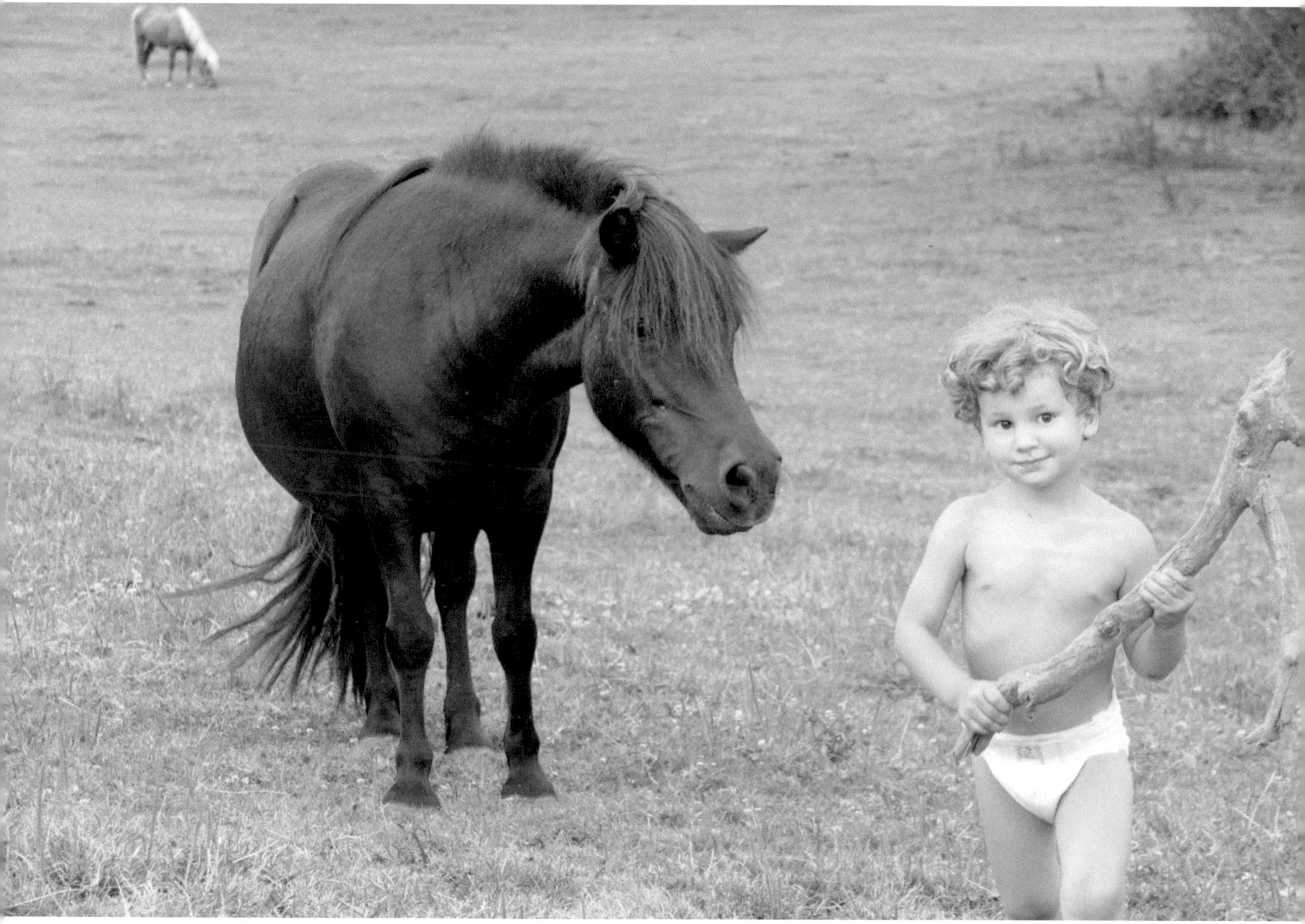

uns füreinander zu interessieren und aufeinander einzulassen...

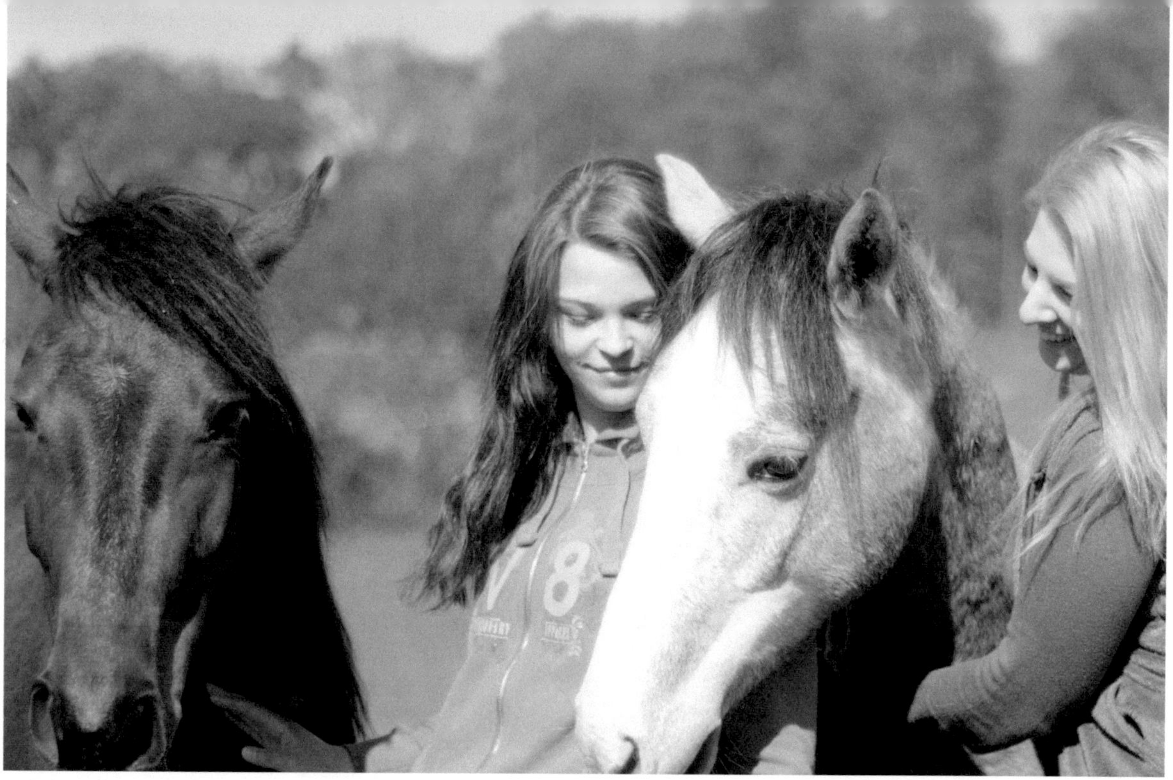

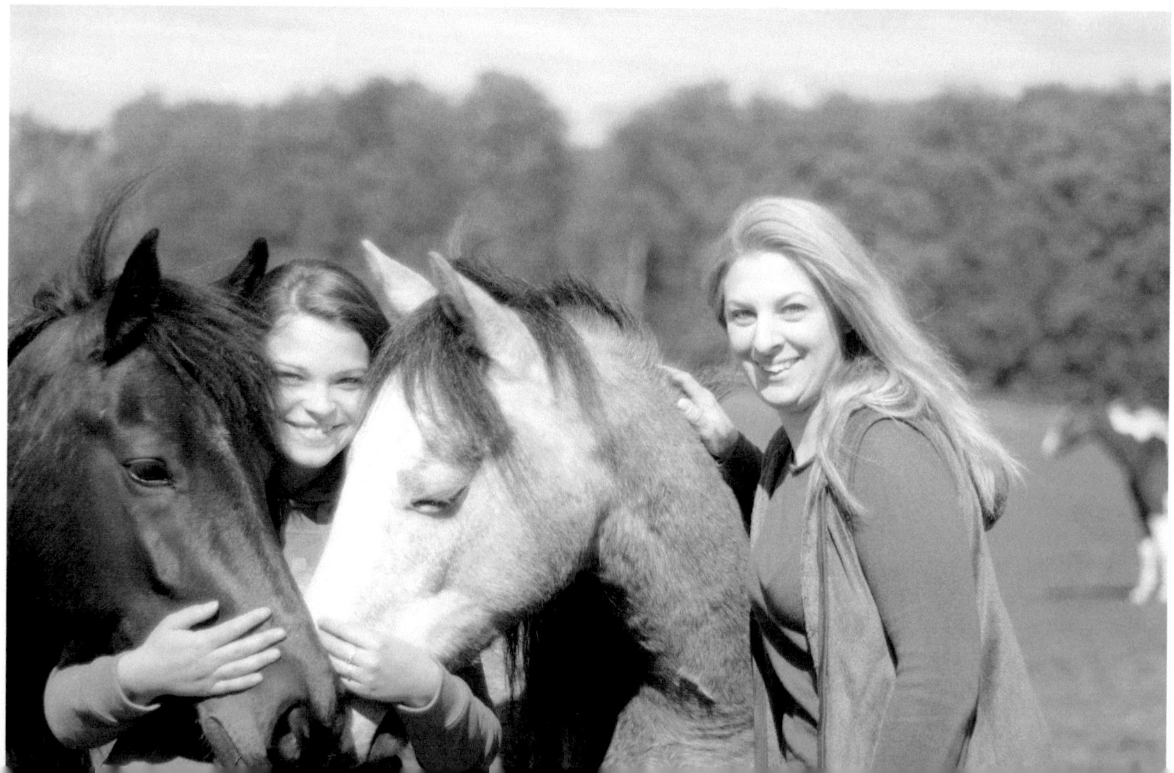

spontanen Impulsen zu folgen...

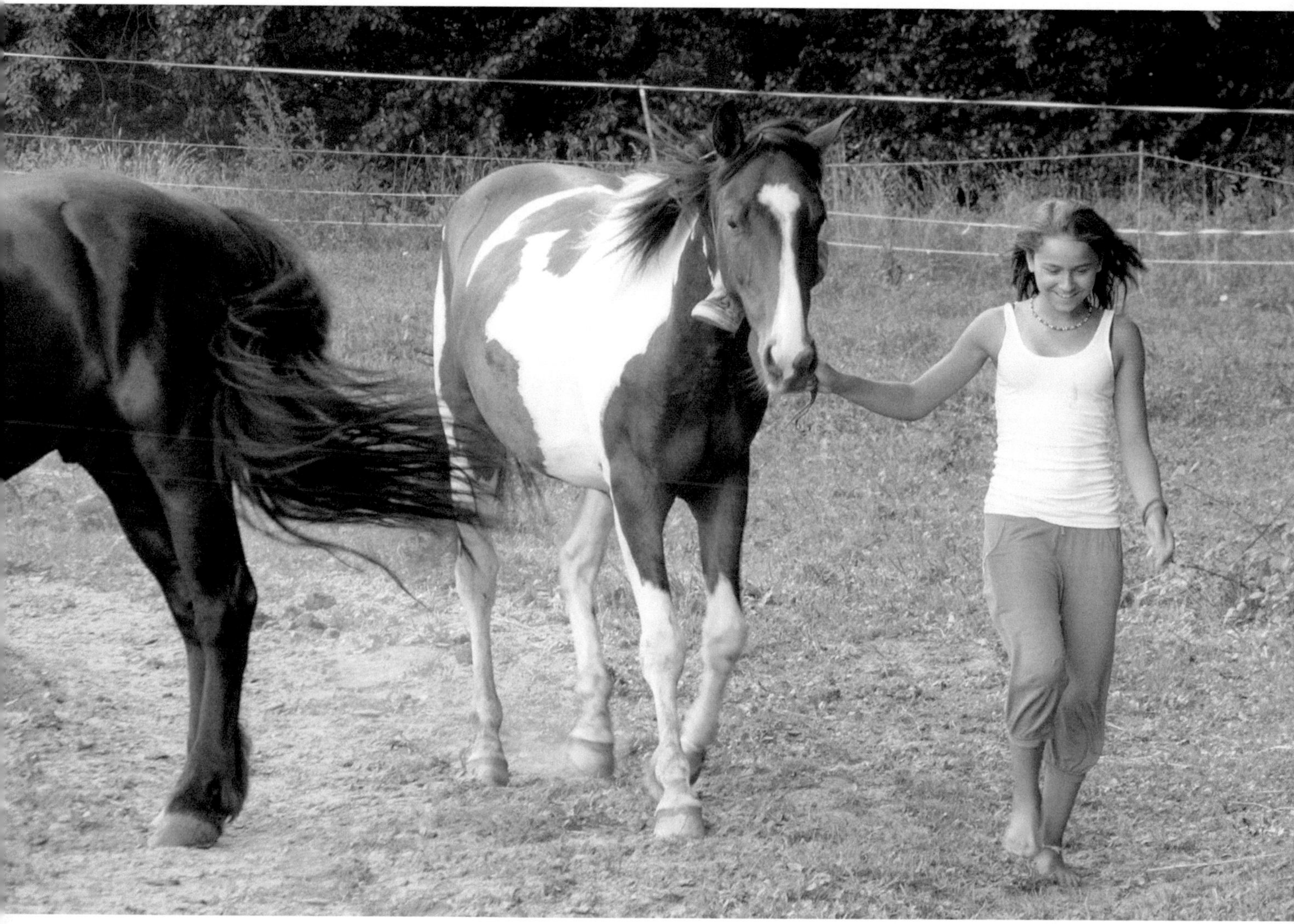

uns im Einklang mit der Natur und allen Lebewesen zu fühlen...

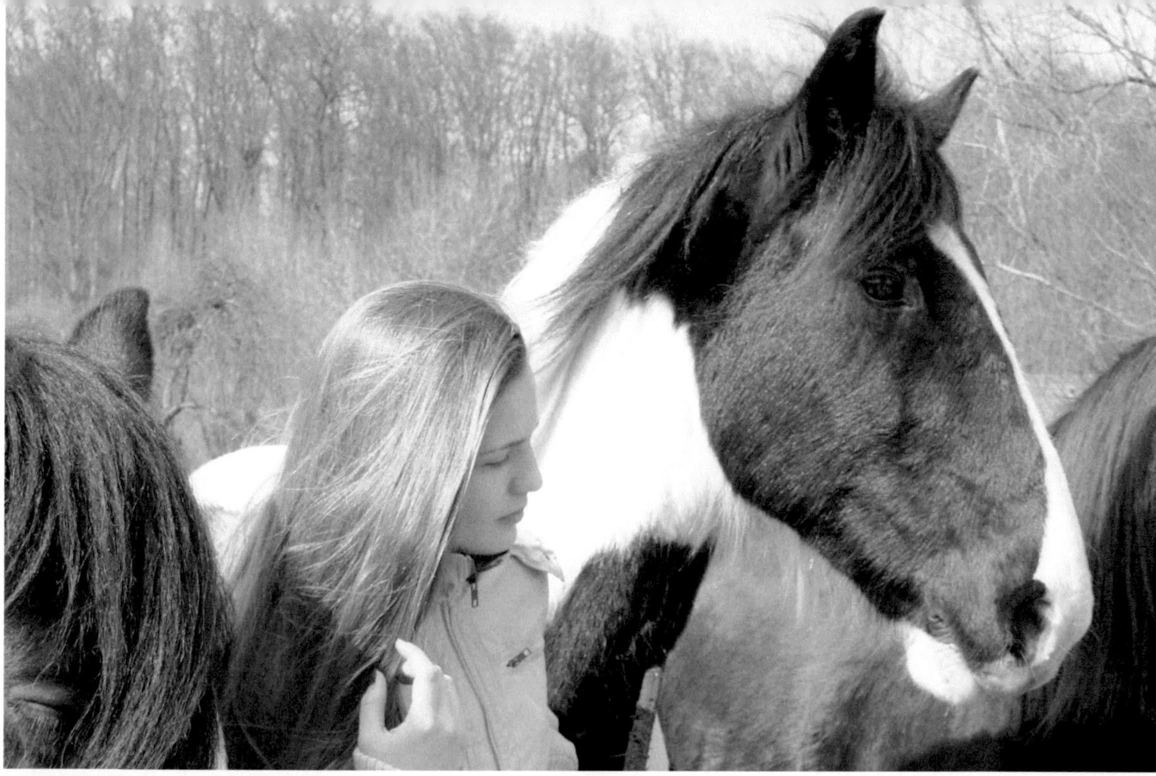

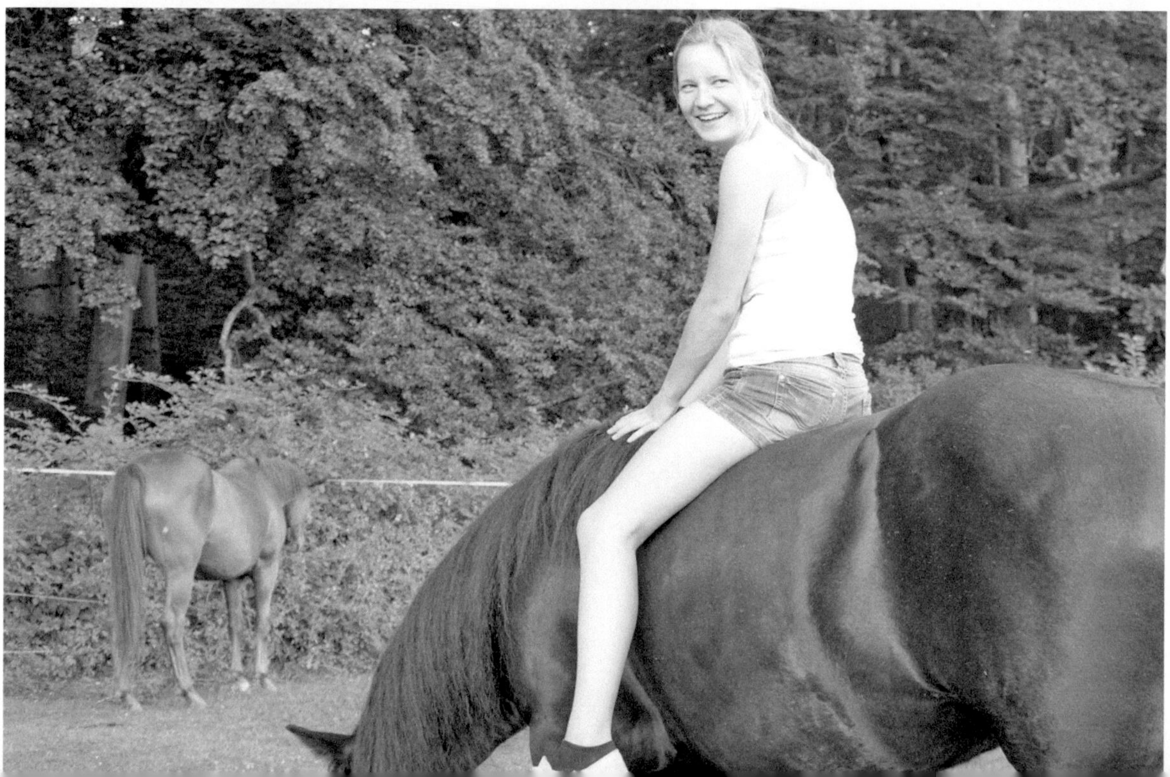

und uns selbst als den kreativen Schöpfer in der Gestaltung unseres Lebens zu erkennen: wir bemalen das leere Blatt - von Moment zu Moment, Strich für Strich...

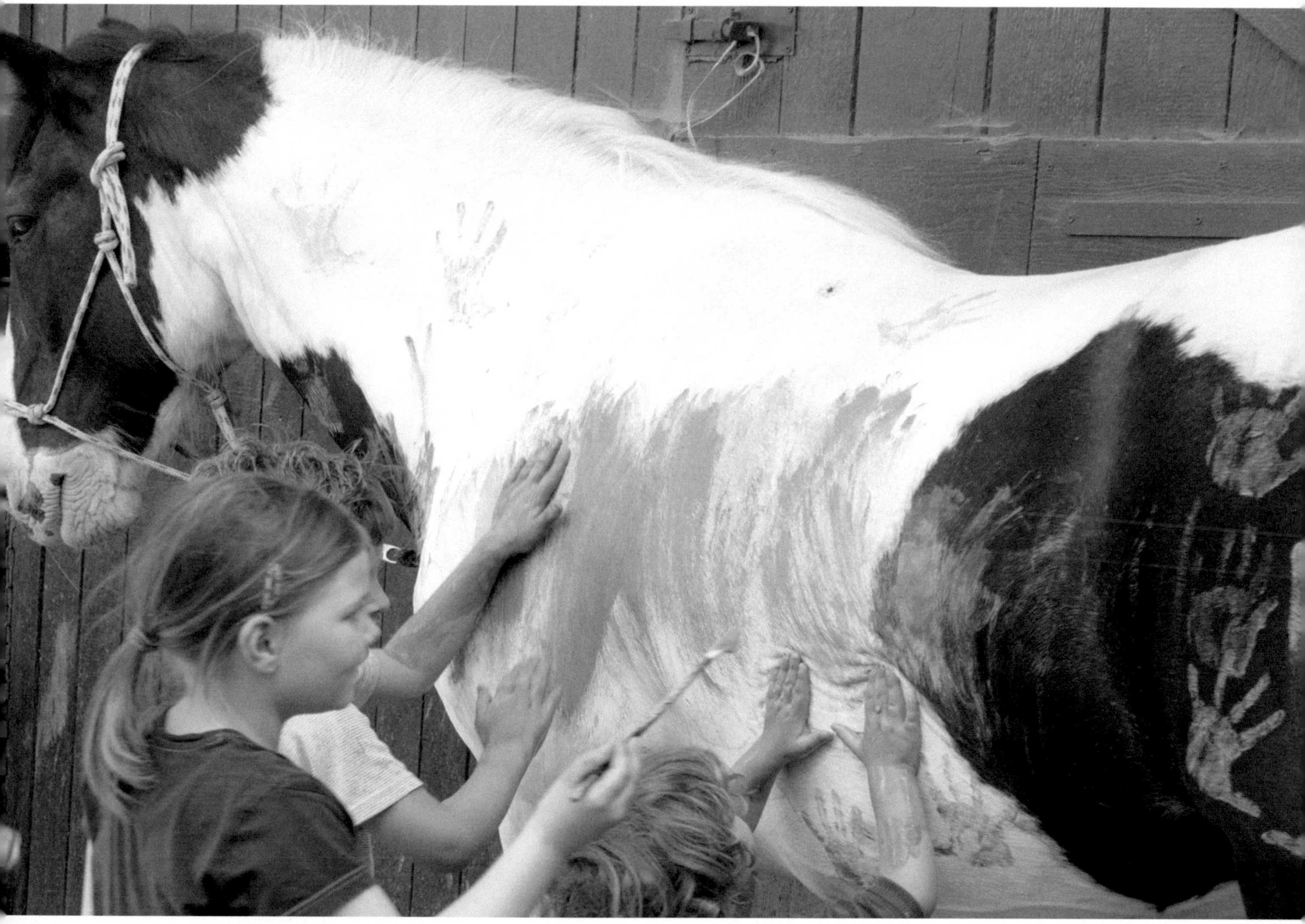

Katina Koch - Für die Essenz der Pferd-Mensch-Beziehung

Worum geht es in der Beziehung zu meinem Pferd? Was kann ich in dieser Beziehung über mich selbst erfahren? Was ist die Essenz dieser Beziehung? Wer bin ich in Hinblick auf mein Pferd? Auch und vor allem, wenn sich Schwierigkeiten zeigen, oder ich an Grenzen stoße?

Wenn Du Dir diese oder ähnliche Fragen stellst, kann ich Dir durch meinen absolut individuellen und unkonventionellen Ansatz auf dem Weg mit Deinem Pferd eine Begleitung sein.

Wir können unsere Beziehungen nur in dem Maße verstehen und verändern, indem wir sie klar sehen können: Wenn Du den Blick auf Dich, Dein Pferd und Eure Beziehung klären möchtest, um ungeahnte Potentiale freizulegen, freue ich mich über Deine Nachricht!

Auf unserem Hof besteht die Möglichkeit - auch gemeinsam mit Deinem Pferd - eine „Auszeit" zu nehmen, um in Zusammenarbeit mit meinem Team von *CABALLOMO - Heilräume für Mensch und Pferd* ganzheitliche Perspektiven für Dich und Dein Pferd zu entwickeln und neue Wege zu beschreiten!

Herzlich,
Katina Koch

CABALLOMO
Heilräume für Mensch und Pferd

www.katinakoch.de
www.caballomo.de

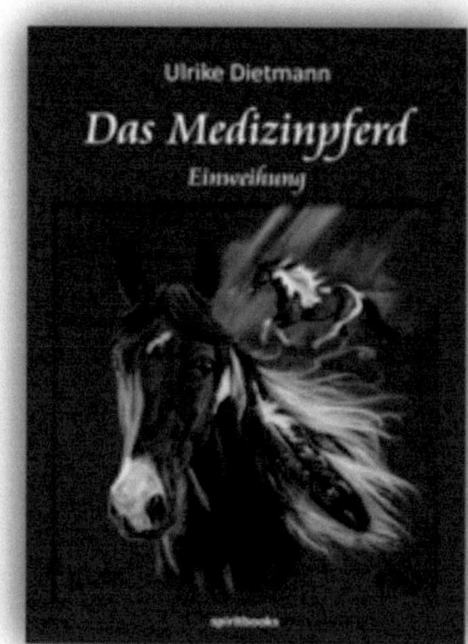

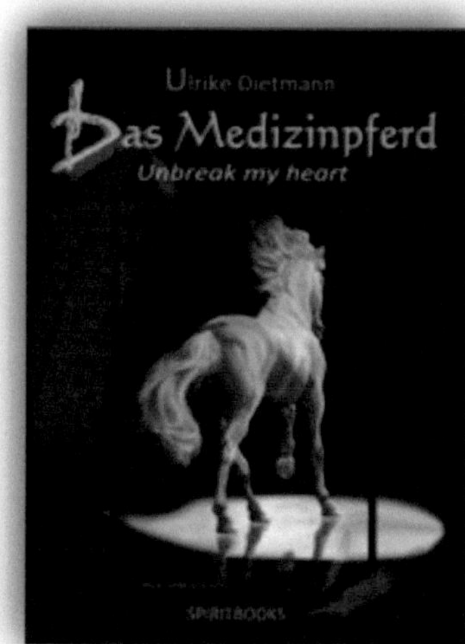

Ulrike Dietmann
„Das Medizinpferd - Band I Einweihung“

www.spiritbooks.de

Ulrike Dietmann
„Das Medizinpferd - Band II Unbreak my Heart“

www.spiritbooks.de

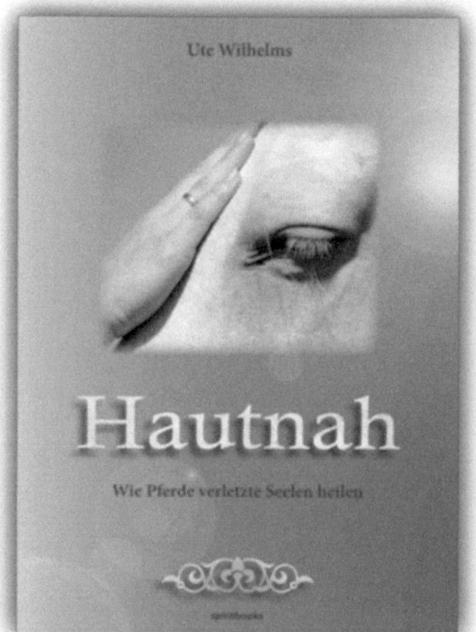

Ute Wilhelms
„Hautnah“

Ute Wilhelms ist eine Pionierin in der therapeutischen Arbeit mit Pferden und Menschen. In ihrem Buch schildert sie die feinen und zugleich kraftvollen Prozesse, die in der Begegnung zwischen Mensch und Pferd geschehen, mit präzisen, einfühlsamen Worten und großem Sachwissen.

www.spiritbooks.de